Die Kunst des geistreichen Geplänkels: Clever, schnell & anziehend sein

Von Patrick King
Coach für soziale Interaktion und
Konversation unter
www.PatrickKingConsulting.com

Inhaltsverzeichnis

Kapitel 1. Fließen wie ein Fluss

Als ich aufwuchs, war meine Lieblingsfernsehserie keine der herkömmlichen Zeichentrickserien wie *G.I. Joe* oder *X-Men*.

Die Leute neigen dazu, anzunehmen, dass ich eine traurige Kindheit hatte, wenn ich das sage, aber es ist nicht so, dass ich von drakonischen Eltern von Cartoons ferngehalten wurde.

Zeichentrickfilme wurden typischerweise am Wochenende morgens früh ausgestrahlt. Das bedeutete, dass man am Abend vorher früh ins Bett gehen musste, um rechtzeitig für die Sendungen aufzustehen. Ich habe immer verschlafen, also habe ich die Cartoons nie gesehen. Aber warum habe ich verschlafen?

Weil ich immer lange aufblieb, um David Letterman zu sehen, der seit über dreißig Jahren die *„Late Show with David Letterman"* moderiert.

Damals wusste ich es nicht, aber von allen Late-Night-Fernseh-Moderatoren war David Letterman einer der legendärsten. Ich schaute nur zu, weil ich seine Top-Ten-Listen auf eine erwachsene Art lustig fand, die ich nicht ganz verstehen konnte. Er sprach über Wirtschaft, und obwohl ich die Einzelheiten nicht ganz verstand, kannte ich das allgemeine Gefühl, das er zu vermitteln versuchte, und lachte, wenn mein älterer Bruder lachte. Ich verstand nicht viele der Sticheleien gegen Gäste, aber ich erkannte einen bestimmten Tonfall und Gesichtsausdruck und machte mit.

Erst als ich älter wurde, begann ich die subtilen Taktiken zu bemerken, die Letterman anwandte, um langweilige Gäste zu animieren und langweilige Segmente in lustige zu verwandeln.

Vor allem seine Fähigkeit, mit seinem Bandleader, seinen Gästen und sogar sich selbst auf eine selbstironische Art und Weise zu scherzen, war der Motor der Show. Letterman war wie Teflon - er war so geschmeidig und glatt, er konnte immer mit dem Strom schwimmen, nichts schien ihn jemals aus der Ruhe zu bringen, und er blieb nie ohne einen witzigen Spruch oder zwei.

Es schien, als könne er über alles scherzen, und seine Witze wirkten nie gezwungen oder deplatziert. Als ich am nächsten Tag in der Schule versuchte, Letterman nachzueifern, klappte das bei mir nicht so gut. Aber es brachte mich zum Nachdenken darüber, was eine Person ausmacht, die im Gespräch so glatt und geschmeidig ist, die alles Negative an sich abperlen lässt, dass sie wie Teflon ist.

Wie kann man nicht nur immer etwas zu sagen haben, das dann auch immer noch witzig und klug ist? Geistreiches Geplänkel ist vieles auf einmal - entwaffnend, charmant, intelligent und schnell. Es klingt fast unmöglich, wenn man bedenkt, welche Wirkung es auf andere hat.

Aber Scherzen ist eine Fähigkeit, genau wie das Werfen eines Baseballs oder das Flechten von Unterwasserkörben. Sobald Sie die Muster und Bausteine kennen, können Sie sie üben und verbessern. Und wenn Sie genug geübt haben, werden sie zu Instinkt und Gewohnheit, und das Scherzen fällt Ihnen leicht, weil es zur zweiten Natur geworden ist.

Dieses Buch wird eines Ihrer besten Werkzeuge sein, um die Art von geistreichem Geplänkel zu erlernen, die Ihnen helfen wird, in sozialen Situationen erfolgreich zu sein.

Sie werden lernen, was eine Aussage klug macht, wie man sie schnell vorträgt und wie alles zusammenkommt, um Sie zu einer bemerkenswerten Person zu machen, mit der es sich zu reden lohnt. Wir beginnen mit Techniken für eine fließende Konversation. Sie können keinen Witz landen, wenn Sie in peinlicher Stille gefangen sind!

Sprechen Sie niemals absolut

Achten Sie nicht auf die Ironie im Titel des Abschnitts (Verwendung des Wortes „nie", um vor der Verwendung des Wortes „nie" zu warnen). Aber ich stehe dazu.

Einer der häufigsten Wege, jede Art von Gesprächsfluss zu töten, unabhängig davon, wie interessant das Thema sein mag, ist, wenn einer der Sprecher seine Fragen auf Absolutes reduziert. Absolute Fragen sind schwer zu beantworten und manchmal sogar schwer nachzuvollziehen, wie Sie gleich lesen werden.

Ich wurde einmal von einem Cousin bei einem Familientreffen mit absoluten Fragen bedrängt. Er war damals acht Jahre alt, also war es entschuldbar, aber ich werde nie vergessen, wie es sich anfühlte, als mich jemand ständig mit absoluten Fragen löcherte.

Er fragte mich, was mein liebster Eisgeschmack auf der ganzen Welt sei. Ich dachte eine Weile nach und sagte „Rocky Road". Er fing an zu heulen, dass ich einen schrecklichen Geschmack hätte und wollte wissen, wie ich Neapolitaner vergessen konnte. Als nächstes fragte er mich, was meine Lieblingsfernsehserie aller Zeiten sei, und so weiter. Es war ein quälendes Gespräch voller langer Pausen und anschließender Beurteilung meines Geschmacks und meiner Meinung.

Jahre später entdeckte er, dass er laktoseintolerant war, also war der Scherz letztlich auf seine Kosten.

Es gibt noch weitere absolute Fragen, die Ihnen im täglichen Leben begegnen werden, aber der Punkt ist, dass sie schwer aus dem Stegreif zu beantworten sind, weil dies eine gewisse Beobachtung, Überlegung und Entscheidungsfindung erfordert. Das ist eine ganze Menge, die man im Fluss einer lockeren Unterhaltung verlangen würde. Welchen Gedankengang Sie auch immer vorher hatten, er muss erst aufgegeben werden, um diese Frage zu beantworten. Und wo bleiben Sie dann?

Absolute Fragen wirken meist sehr unschuldig. Zum Beispiel: „Was ist Ihr absoluter Lieblingsfilm aller Zeiten?" Das ist auf den ersten Blick eine ziemlich harmlose

Frage, aber es *ist* eine absolute Frage. Sie bringt die Leute in Zugzwang und führt normalerweise dazu, dass sie mit „Oh, ich bin mir nicht sicher, lassen Sie mich darüber nachdenken" antworten und dann ihren Gedanken nicht zu Ende führen, was dann natürlich Ihre Unterhaltung entgleisen lässt. Sie könnten sie genauso gut bitten, eine Rechenaufgabe zu lösen. Zum Beispiel:

„Was ist deine Lieblingsband?"

- „Ich weiß nicht, lass mich darüber nachdenken."
- „Hmm... Ich bin mir nicht sicher. Was ist deine?"
- „Ich werde darauf zurückkommen. Ich habe keine Ahnung!"

Das Problem dabei ist, dass Sie eine absolute Frage stellen, die nach einer absoluten Antwort verlangt. Wenn Sie das tun, lassen Sie der anderen Person keinen Spielraum und, was noch schlimmer ist, Sie geben ihr die schwierige Aufgabe, eine definitive Antwort auf Ihre Frage zu finden. Was *ist* mein Lieblingsfilm?

Ihre Frage wird scheitern, das Gespräch wird ins Stocken geraten und Sie kommen vielleicht nie wieder auf den richtigen Weg zurück. Die meisten Menschen sagen gerne die Wahrheit, und wenn sie mit etwas beauftragt werden, das von ihnen verlangt, wirklich tief zu graben und mit einer ehrlichen Antwort auf eine absolute Frage aufzuwarten, werden sie versuchen, diese schwierige Aufgabe zu erfüllen. Ein kleiner Prozentsatz der Menschen wird in der Lage sein, sich schnell etwas einfallen zu lassen, und ein weiterer kleiner Prozentsatz wird eine Antwort geben, die Ihre Frage nur vage befriedigt. Etwa 1 Prozent der Menschen werden diese Dinge aus irgendeinem Grund auf der Zunge haben, und der Rest wird nicht wissen, wie er antworten soll.

Fazit: Es klingt simpel und unwichtig, aber die Verwendung absoluter Aussagen, Antworten und Fragen erschwert die Konversation und führt zu einem vorzeitigen Tod. (Des Gesprächs, nicht der beteiligten Personen.)

Eine primäre Faustregel für die Konversation ist, es dem anderen leicht zu machen, was es natürlich auch für Sie leicht macht. Außerdem ist es offensichtlich, dass niemand die Last eines Gesprächs tragen möchte. Niemand möchte alle Lücken ausfüllen, alle Stille verhindern und die gesamte Diskussion leiten. Wenn Ihre Fragerichtung dazu führt, dass Sie die Last der anderen Person aufbürden, als wäre es ein Vorstellungsgespräch, wird die andere Person sich entweder schnell zurückziehen oder alles mit einer „Was ist mit Ihnen?"-Antwort an Ihnen abprallen lassen. Dann müssen Sie mit dem Chaos fertig werden, das Sie angerichtet haben.

Wenn Sie jemanden fragen: „Was ist Ihr absoluter Favorit (füllen Sie die Lücke)?", setzen Sie ihn in Zugzwang. Sie verlangen von ihm, dass er nachdenkt und, schlimmer noch, sich auf etwas festlegt, zu dem er vielleicht keine starken Gefühle hat. Er wird wahrscheinlich einfach den ersten Namen sagen, der ihm in den Sinn kommt, und ihn als seinen Favoriten ausgeben, weil er nicht zu lange mit der Antwort warten will. Das mag ein- oder zweimal in Ordnung sein, aber stellen Sie sich vor, wie sie sich nach einer Weile fühlen werden, wenn jede Frage, die Sie stellen, in eine ähnliche Richtung geht.

Sie werden anfangen, sich wie in einem Vorstellungsgespräch oder einem Verhör zu fühlen, anstatt in einer angenehmen sozialen Interaktion. Sie werden das Gefühl haben, dass sie die Last des Gesprächs tragen müssen - eine Verantwortung, die sie nicht unbedingt wollen. Das ist sehr ermüdend.

Was ist hier also die Lösung? Schauen wir uns an, wie wir diese absoluten Fragen in Fragen umwandeln können, die viel einfacher zu beantworten sind und die Leute oder den Austausch nicht abwürgen .

Setzen Sie Grenzen um die Frage und machen Sie sie nicht absolut, und die Leute werden die Frage viel leichter beantworten können.

Eine häufige absolute Frage könnte lauten: „Was ist Ihr Lieblingsfilm?" Wandeln Sie diese Frage um in:

- Was sind Ihre Top-Filme?
- Was sind einige gute Filme, die Sie in letzter Zeit gesehen haben?

- Gibt es Filme, die Sie empfehlen können?
- Sehen Sie lieber fern oder Filme?

Diese Fragen bewegen sich vom Spezifischen zum Allgemeinen und sind leichter zu beantworten. Auf diese Weise binden Sie niemanden an eine absolute Verpflichtung oder eine absolute Aussage. Es gibt hier mehrere Qualifizierer, die auf Zahlen oder Zeit basieren, und wenn die Leute sich nicht unter Druck gesetzt fühlen, eine absolute Antwort zu geben, können sie sich entspannen und so ziemlich alles beantworten.

Außerdem geben Ihnen offene Fragen wie diese genug Material, um gut zu antworten. Wenn jemand einen Film als seinen Lieblingsfilm nennt, den Sie aber noch nicht gesehen haben, führt das Gespräch womöglich in eine unangenehme Sackgasse. Wenn jemand hingegen mehrere Filme nennt, haben Sie eine bessere Chance, zumindest einen davon mit Ihren eigenen Favoriten in Verbindung zu bringen und das Gespräch fortzusetzen.

Hier ist ein weiteres Beispiel. Stellen Sie sich vor, Sie fragen jemanden: „Was ist Ihr ultimativer Traumurlaub?" Diese Frage würde die Person wahrscheinlich in eine Zwickmühle bringen, wie sie antworten soll. Entscheidet sie danach, wie attraktiv das Reiseziel ist? Legt sie mehr Wert auf die Sehenswürdigkeiten oder die Kultur des Ortes? Muss sie die Jahreszeit, die Mitreisenden oder das Budget berücksichtigen?

Der Punkt ist, dass diese eine Frage mehrere Themen auf einmal berührt und den Gesprächspartner leicht überfordern würde, besonders wenn Sie nur ein einfaches, zwangloses Gespräch anstreben. Ein wichtiger Punkt, den Sie im Hinterkopf behalten sollten, ist, dass Ihre Frage, wenn sie sich in kleinere Punkte verzweigt, besser in Form ihrer „Äste" gestellt werden sollte, anstatt als ein ganzer „Baum" formuliert zu werden. "

Anstatt also von jemandem zu erwarten, dass er sich auf der Stelle für seinen ultimativen Traumurlaub entscheidet, sollten Sie Ihr Gespräch mit den folgenden überschaubaren Anregungen weiterführen:

- Welche coolen Urlaubsorte haben Sie sich in letzter Zeit angeschaut?
- Gibt es Strandziele, die Sie für eine Sommerreise empfehlen würden?
- Würden Sie lieber mit Freunden oder mit Ihrer Familie reisen?
- Würden Sie lieber eine Kreuzfahrt oder einen Roadtrip machen?

Wie Sie sehen, hilft das Setzen von Grenzen um eine Frage, den Druck zu verringern, die „beste" Antwort unter einer Vielzahl von Möglichkeiten zu geben, wenn man mit einer absoluten Frage konfrontiert wird. Jeder Qualifizierer und jede Begrenzung erleichtert die Beantwortung der Frage und regt auch den Denkprozess des Antwortenden an, eine interessantere und differenziertere Antwort zu geben.

Es hat einen zusätzlichen Vorteil, wenn man Menschen einfachere, allgemeinere Fragen stellt. Man erlaubt ihnen, ihre Aussagen auf eine Weise abzusichern, bei der sie sich sicher fühlen. Es besteht nicht die Möglichkeit, über Geschmack oder Meinung zu urteilen. Einige von uns denken vielleicht nie darüber nach, während andere von uns ständig damit beschäftigt sind, ein Urteil zu vermeiden.

Wenn ich sagen würde: „Ich denke, *Forrest Gump* ist der beste Film aller Zeiten", könnte ich mir vorstellen, dass mich jemand für meinen Geschmack verurteilen könnte. Es ist eine ziemlich schwarz-weiße Aussage, also entweder man stimmt zu oder nicht. Es ist eine Haltung, und zu jeder Haltung gibt es eine Gegen-Haltung.

Wenn Sie stattdessen sagen: „Ich habe kürzlich *Forrest Gump* gesehen und er war ziemlich gut", tragen Sie immer noch substanziell zum Thema Filme bei, und es ist unwahrscheinlich, dass jemand Sie verurteilt. Es sei denn, er hasst Tom Hanks und Wohlfühlfilme wirklich. Noch einmal: Diese Vermeidung von Urteilen mag unwichtig erscheinen, aber für manche Menschen ist sie es mit Sicherheit nicht, besonders für diejenigen, die unter verschiedenen sozialen Ängsten leiden.

Das Talent eines guten Gesprächspartners besteht darin, dafür zu sorgen, dass sich die andere Person wohl fühlt. Mit Komfort entsteht Offenheit, dann entsteht Nähe, dann entsteht eine Umgebung, die geeignet ist für witziges Geplänkel. Wir können dies erreichen, indem wir noch allgemeinere Fragen stellen, die nicht auf eine richtige oder falsche Antwort abzielen.

Wer weiß schon, was der beste Film ist? Das ist gar nicht der Punkt. Die besten Fragen sind subjektiv, und Ihr Ziel sollte es sein, den Gesprächsfluss aufrechtzuerhalten und eine Umgebung von Komfort und Vertrautheit zu schaffen.

Das Vermeiden von absoluten Fragen bedeutet, dass Sie Ihre Fähigkeiten, Fragen zu stellen, schärfen. Es zwingt Sie, sich in die Lage der anderen Person zu versetzen und die Dinge aus deren (Gesprächs-)Perspektive zu sehen. Sie müssen berücksichtigen, wie sich die Konversation von ihrer Seite aus anfühlt und nicht einfach eine Frage in den Raum stellen, die Ihnen zufällig im Kopf herumschwirrt und die am Ende extrem schwer zu beantworten ist. Flow entsteht nicht zufällig.

Was aber, wenn Sie sich am Ende einer absoluten Frage wiederfinden? Sollte das das Ende des Gesprächs bedeuten?

Nicht unbedingt. Sie können auch lernen, wie Sie absolute Fragen, die Ihnen gestellt werden, beantworten können. Wir wissen jetzt, dass absolute Fragen schwierig zu navigieren sein können, also sollten Sie in der Lage sein, sie allgemeiner so zu beantworten, und damit wieder zum Flow beizutragen.

Angenommen, jemand stellt Ihnen die Frage nach Ihrem ultimativen Traumurlaub. Anstatt ratlos zu sein, denken Sie daran, dass eine solche Frage verschiedene Facetten hat und Sie nicht alle in Ihrer Antwort abdecken müssen. Sie können sich dafür entscheiden, nur einen bestimmten Aspekt zu beantworten, indem Sie zum Beispiel antworten:

- Ich habe nicht wirklich darüber nachgedacht, aber ich habe einen Beitrag über Bora Bora gesehen und es sieht ziemlich interessant aus.
- Nun, für diesen Winter scheinen einige der Skigebiete einladend zu sein.
- Überall mit meinen beiden besten Freundinnen wäre es eine Wucht!

Denken Sie daran, Ihren Antworten Grenzen zu setzen, und das bedeutet oft, eine etwas andere Frage zu beantworten, als gestellt wurde. Wenn Sie verstehen, dass die Leute nicht nach einer genauen Antwort oder einem Standpunkt suchen, sondern einfach nur die Dinge vorantreiben wollen, ist es kinderleicht.

Denken, bevor Sie reagieren

Ich hatte mich bei einer Networking-Veranstaltung etwa fünf Minuten lang mit einer Kollegin unterhalten und hate die Nase schon voll. Sie schien unser Gespräch für ein Pokerspiel mit hohen Einsätzen zu halten, denn ihr Gesicht und ihre Stimme waren so flach wie die Paisley-Tapete neben ihr. Manchmal gab es nicht einmal ein Blinzeln, um anzuzeigen, dass sie gehört hatte, was ich sagte. Ich versuchte, einen Witz darüber zu machen, dass Networking-Events eine menschliche Version des Hinternschnüffelns von Hunden seien, aber auch das brachte kein Lächeln hervor.

Um das Gespräch zu beenden, sagte ich ihr, dass ich auf die Toilette müsse, und ich bin mir nicht sicher, ob sie das auch gehört hat.

Reaktionen sind im Gespräch extrem wichtig.

Ein Gespräch ohne Reaktionen der anderen Partei ist wie ein Film ohne Hintergrundmusik. Zunächst scheint alles in Ordnung zu sein, aber Sie merken schnell, dass es sich leer anfühlt und etwas fehlt. Sie fühlen sich, als ob Sie mit einer Wand sprechen, von der Sie nichts ablesen können und sich nicht einmal sicher sind, ob sie Ihnen zuhört. Sie sind sich nicht sicher, was Sie fühlen und wie Sie vorgehen sollen, denn es gibt keine Hinweise.

Reaktionen zeigen den Menschen, dass Sie nicht nur körperlich anwesend sind, sondern auch emotional und intellektuell präsent sind. Wenn Sie der Energie Ihres Gesprächspartners entsprechen, geben Sie ihm auch das Gefühl, dass Sie ihn besser verstehen, als Sie es tatsächlich tun.

Wie bei vielen Dingen, haben Reaktionen einen kumulativen Effekt. Wenn die andere Person während eines fünfminütigen Gesprächs nicht auf ein oder zwei Aussagen von Ihnen reagiert, fällt Ihnen das vielleicht nicht auf. Aber angenommen, diese Person reagiert zehnmal hintereinander nicht auf etwas, das Sie gesagt haben? Würden Sie nicht anfangen, sich verunsichert zu fühlen, als ob Sie etwas Falsches gesagt hätten und die Person Sie mit ihrem völligen Ausbleiben einer Reaktion bestrafen würde?

Es gibt verschiedene Ebenen von Reaktionen, die deutlich machen, dass Sie zuhören und präsent sind.

Es kann etwas so Einfaches sein wie eine hochgezogene Augenbraue und die Bemerkung „Oh" oder auch nur ein Nicken. Kleine Anerkennungen wie diese sollten nicht unterschätzt werden. Sie müssen kein Experte im Reagieren sein oder eine große Show daraus machen; Sie müssen die andere Person nur wissen lassen, dass Sie engagiert sind.

Dennoch gibt es ein paar Möglichkeiten, wie Sie Ihre Reaktionen so ausrichten können, dass die Leute ein Gefühl des Gesprächsflusses mit Ihnen verspüren.

Das erste Element ist, darauf zu achten, dass Sie mit der passenden Emotion reagieren. Stellen Sie sich vor, Sie erzählen eine Geschichte, wie Sie sich den Arm gebrochen haben, und die andere Person reagiert mit Wut. War das die Reaktion, die Sie sich gewünscht (oder erwartet) haben?

Nein, Sie haben diese Geschichte wahrscheinlich erzählt, weil sie entweder lustig oder bemitleidenswert war (oder beides). Je nach dem Tonfall Ihrer Geschichte wollten Sie entweder einen Lacher oder Mitgefühl hervorrufen - oder ein bisschen von beidem. „Wow, das ist echt ätzend" oder „Wow, das ist urkomisch, aber auch ätzend".

Wut als Reaktion auf Ihre Geschichte würde einfach keinen Sinn machen. Der einfachste Weg, um sicherzustellen, dass Sie angemessen auf eine Geschichte, eine Aussage oder eine Frage reagieren, ist, einen Schritt zurückzutreten und sich zu fragen: „Was ist die primäre Emotion, die hier geteilt wird?" *und diese dann zurückzugeben*!

Denken Sie daran, dass auch die Intensität Ihrer Gefühle eine Rolle spielt. Um das gleiche Beispiel zu verwenden: Wenn Sie sagen: „Wow, ich kann mir nicht vorstellen, was ich an Ihrer Stelle tun würde", könnten Sie es mit der Sympathie übertreiben. Wenn Sie andererseits sagen: „Das muss unangenehm sein", sind Sie wahrscheinlich nicht mitfühlend genug, was dem anderen das Gefühl geben kann, dass Sie seine Gefühle untergraben. Achten Sie also darauf, sobald Sie die gewünschte Emotion erkannt haben, diese auch in gleichem Maße zu erwidern, wie die Person sie Ihnen gegenüber ausgedrückt hat.

Hier ein Tipp: Die überwiegende Mehrheit der Emotionen, die Menschen teilen und auf die sie reziproke, kongruente Reaktionen wünschen, sind: Freude, Ärger, Wut, Traurigkeit, Humor. Beachten Sie, dass drei von fünf negativ sind.

Zum Beispiel: „Habe ich Ihnen schon erzählt, wie dieser Typ mich heute im Verkehr geschnitten hat?!" Das ist eine Kombination aus Wut und Ärger.

Dies ist etwas, das nach ein wenig Übung instinktiv und fast augenblicklich klar wird. Denken Sie einfach: „Welche Emotion will die andere Person?" Was Sie wirklich versuchen, ist herauszufinden, welche Emotion *sie* fühlt, damit Sie entsprechend reagieren können. Wenn Ihre Antworten genau zu dem passen, was die andere Person sagt (und fühlt), zeigt es ihr, dass Sie sie verstehen - dass Sie sich in ihre Lage versetzen können. Sie schaffen eine Menge unterbewussten Komfort, wenn Sie auf eine Weise reagieren, die genau ihren Gefühlen entspricht.

Um diesen Ausdruck des Verständnisses gegenüber Ihrem Gesprächspartner zu verstärken, sollten Sie noch einen draufsetzen, indem Sie auch seine Mimik und Gestik nachahmen. Psychologische Untersuchungen haben gezeigt, dass das Spiegeln, eine Technik, bei der die Körpersprache der anderen Person während einer Interaktion subtil kopiert wird, die Sympathie fördert. Wenn Sie also auf die Geschichte der Person antworten, dass sie im Straßenverkehr geschnitten wurde, stellen Sie sicher, dass Sie Ihre Verärgerung nicht nur verbal ausdrücken, sondern auch durch das Runzeln Ihrer Augenbrauen oder das Verziehen Ihres Mundes zu einer Seite zeigen.

Die zweite Möglichkeit, Ihre Reaktionen großartig zu gestalten, besteht darin, nur ein wenig langsamer zu reagieren, als Sie denken, dass Sie sollten. Im Allgemeinen ist eine starke Reaktion besser als gar keine Reaktion. Wenn Sie starr und reaktionslos sind, haben die Leute das Gefühl, dass sie gegen eine Wand sprechen.

Eine zu schnelle Reaktion kann eine ähnliche Frustration hervorrufen. Die andere Person könnte das Gefühl haben, dass Sie sie nur bevormunden und nicht wirklich daran interessiert sind, was sie zu sagen hat. Stellen Sie sich ein Szenario vor, in dem Sie aufgeregt etwas über Ihr Wochenende erzählen wollen. Die Person, mit der Sie sich austauschen, nickt die ganze Zeit, während Sie Ihre Geschichte erzählen, heftig. Tatsächlich unterbricht sie Sie fast mit ihrer Aufregung. Gleich nachdem Sie etwas erzählt haben, ruft sie: „Ich weiß!" oder „Ja, genau! Ich habe es verstanden!"

Irgendwann wird ziemlich klar, dass es unmöglich ist, dass sie das, was Sie gesagt haben, so schnell verarbeiten konnte; sie handelt nur mit vorgetäuschtem

Enthusiasmus, weil sie denkt, dass sie das tun sollte.

Hat sie überhaupt gehört, was Sie gesagt haben, inmitten all des Nickens und Ausrufens? Weil sie zu schnell reagiert habt, nehmen Sie an, dass sie nur auf ein paar „Auslösewörter" gehört habt und aus Reflex oder Gewohnheit geantwortet hat, nicht als Reaktion auf Ihre tatsächlichen Worte.

Wenn Sie zu schnell reagieren, egal aus welchen Gründen, wirken Sie abweisend. Es gibt Ihrem Gesprächspartner das Gefühl, dass Sie ihm nicht wirklich zuhören. Sie können „Ich verstehe" sagen, so viel Sie wollen, aber die Botschaft ist, dass Sie es *nicht verstehen* und nur versuchen, den Gesprächspartner zum Schweigen zu bringen.

Das ist kein guter Weg, um gegenseitigen Komfort in einem Gespräch aufzubauen. Wenn Sie zu schnell reagieren, fühlen sich die Leute außerdem gehetzt.

Wenn Sie ständig mit dem Kopf wippen und sagen: „Ja, ja, ja, ich hab's verstanden", fühlen sie sich enorm unter Druck gesetzt, schnell zu sprechen und zu Ende zu bringen, was sie sagen wollen. Aus ihrer Sicht ist es so, als würden Sie sagen, dass Sie sich langweilen und die Pointe schon kennen, also beeilen Sie sich schon!

Im Gegenzug wollen die meisten höflichen Menschen Sie nicht langweilen. Sie wollen auch nicht, dass Sie das Gefühl haben, zu lange darauf zu warten, bis Sie an der Reihe sind zu sprechen. Also werden sie sich beeilen, sich möglicherweise verhaspeln und sich wahrscheinlich, wenn auch vielleicht unbewusst, verärgert fühlen.

Was auch immer der Fall ist, am Ende schaffen Sie einen ernsthaften Fehlanreiz für sie, sich frei zu äußern und sich dabei wohlzufühlen. Stattdessen haben sie das Gefühl, in einem Wettlauf gefangen zu sein und wirklich schnell sprechen zu müssen, weil Sie darauf warten, dass Sie an der Reihe sind, etwas beizutragen.

Wenn Sie ein Problem damit haben, zu schnell zu reagieren oder überzureagieren, versuchen Sie es mit der Zwei-Sekunden-Regel. Warten Sie zwei Sekunden, nachdem die Person mit dem Sprechen fertig ist, bevor Sie etwas sagen. Es sieht so aus, als würden Sie das, was die Person gerade gesagt hat, verarbeiten und bedenken. Außerdem nimmt man Sie wahrscheinlich als klüger wahr, wenn Sie sich ein paar Augenblicke Zeit nehmen, um zu antworten.

Sie sagen, Sie wüssten nicht, was Sie in diesen zwei Sekunden tun oder denken sollen? Nun, wie wäre es mit dem, was gerade gesagt wurde und wie es sich auf Sie auswirkt? Und wie es sich auf den Rest des Gesprächs im Allgemeinen auswirkt? Setzen Sie ein nachdenkliches Gesicht auf, stützen Sie Ihre Hand auf Ihr Kinn, und die Leute werden Ihr Engagement nie wieder in Frage stellen.

Zusammenfassend lässt sich sagen, dass Sie nicht überreagieren und auch nicht zu schnell reagieren sollten.

Freie Assoziation üben

Es gibt Momente, in denen es keine Rolle spielt, wie gut Sie als Redner sind oder wie interessant oder einnehmend Sie als Person sind - oder wie interessant und einnehmend Ihr Gesprächspartner ist. Manchmal stocken Unterhaltungen einfach. Daran ist niemand schuld, es passiert einfach.

Wir können in Themen stecken bleiben, die uns nicht interessieren, oder ein Gespräch kann sich in etwas verwandeln, das sich wie ein Interview anfühlt, wodurch es oberflächlich und unbeholfen scheint. Wir könnten entdecken, dass wir mit der anderen Person sehr wenig gemeinsam haben. Wenn wir versuchen, an andere Dinge zu denken, über die wir reden können, wird es schwierig - wie der Versuch, Grenzen zu überwinden.

Wenn wir uns in einem Gespräch wiederfinden, in dem wir uns in einem schwierigen oder unmöglichen Thema verheddert haben, fühlen wir uns am Ende wie erstarrt und gefangen, was Angst und Frustration erzeugt. Je mehr wir versuchen, aus dem Trott des Gesprächs herauszukommen, desto mehr fühlen wir uns festgefahren.

Vereinfachen wir also die Konversation.

Eine Konversation besteht aus einer Reihe von Aussagen, Geschichten und Fragen.

Nachdem eine Person eines dieser Elemente beigesteuert hat, antwortet die andere Person in gleicher Weise, entweder zu genau demselben Thema oder zu einem Thema, das in irgendeiner Weise mit dem ursprünglichen Thema zusammenhängt.

Hier kommt die freie Assoziation ins Spiel. Das ist die Übung, bei der Sie Dinge sagen, die Ihnen sofort in den Sinn kommen, wenn Sie etwas hören, ohne zu versuchen, es in irgendeiner Weise zu filtern.

Ist eine Konversation nicht nur eine Reihe von freien Assoziationsübungen?

Wenn zum Beispiel jemand etwas sagt wie: „Ich liebe Katzen soooo sehr!" und Sie nichts über Katzen wissen, könnte es Ihnen schwer fallen, etwas zum Gespräch beizutragen. Wenn Sie Katzen absolut hassen, weil eine Katze Ihr rechtes Auge verletzt hat, als Sie ein Kind waren, könnte dies ein Gesprächskiller sein. Oder es könnte Sie in eine bittere Tirade stürzen, die ebenfalls das Gespräch beenden wird.

Sie haben vielleicht nichts über Katzen zu sagen, aber was wäre, wenn Sie die Aussage und den Kontext wegnehmen und sich auf das Wort und das Konzept von Katzen konzentrieren würden?

Mit einfacher freier Assoziation können Sie einen Weg finden, dem Gespräch schnell und effizient neues Leben einzuhauchen, egal wie festgefahren es sich anfühlen mag.

Assoziieren Sie einfach frei fünf Dinge über Katzen. Mit anderen Worten: Sprechen Sie fünf Dinge aus (Substantive, Orte, Konzepte, Aussagen, Gefühle, Wörter), die Ihnen in den Sinn kommen, wenn Sie das Wort „Katzen" hören. Erlauben Sie Ihrem Verstand, auf Anfang zu schalten und sich auf das Wort „Katzen" zu konzentrieren. Hören Sie auf, das Wort „Katzen" als Auslöser für vergangene Erfahrungen und Erinnerungen zu betrachten. Fangen Sie stattdessen an, es als ein neues Konzept zu betrachten, das nichts mit dem zu tun hat, was Sie zuvor erlebt haben. Spielen Sie ein Wortassoziationsspiel mit sich selbst. Woran müssen Sie bei „Katzen" denken? Wir sprechen hier nur über rein intellektuelle Verbindungen.

Es spielt keine Rolle, was Sie fühlen, was Ihre Emotionen sind. Es spielt keine Rolle, was Sie erlebt haben, ob Sie traumatisiert waren oder nicht. Damit hat es nichts zu tun. Dies ist nur eine rein intellektuelle Herausforderung, um zu versuchen, schnell eine Liste zu erstellen, woran „Katzen" als Konzept gebunden sein können.

Die meisten Menschen denken bei dem Wort „Katzen" an Kätzchen, Kuscheln, Sandkästen, Geparden, Löwen, Fisch, Sushi, Fell, Hunde, Allergien, das Musical, etc. Denken Sie daran, dass es hier keine richtige oder falsche Antwort gibt. Es ist alles freie Assoziation. Wichtig ist, dass Sie die Liste der Dinge, die Sie intellektuell mit dem Wort „Katzen" in Verbindung bringen können, schnell erstellen.

Sie werden feststellen, dass dies viel einfacher ist, als sich eine Antwort auf die Aussage „Ich liebe Katzen sooo sehr" einfallen zu lassen. Dennoch ist Ihre Aufgabe und Herausforderung genau die gleiche - wie gehen Sie mit dem um, was die andere Person gesagt hat? Mit diesem Rahmen und dieser Perspektive ist es viel einfacher, sich von der eigentlichen Aussage zu distanzieren und frei mit dem Thema zu assoziieren.

Auf diese Weise trainieren Sie Ihr Gehirn, über den Tellerrand hinauszuschauen, eine Konversation auf nicht-lineare Weise anzugehen und die vielen möglichen Richtungen zu erkennen, in die ein einfaches Konzept oder ein Wort Sie führen kann.

Zum Beispiel können Sie auf die Aussage „Ich liebe Katzen sooo sehr" mit einer der folgenden Antworten reagieren:

„Ich habe mich immer gefragt, ob Katzen die Kuschelzeit so sehr genießen, wie es Hunde zu tun scheinen."

„Haben Sie schon von diesen hypoallergenen Katzenrassen gehört?"

„Wäre also *Cats, das Musical* etwas, das Sie sich gerne ansehen würden?"

Nehmen Sie nun an, dass jemand seine Liebe zu Autorennen verkündet, und nehmen Sie an, dass Sie darüber auch nichts wissen. Was sind die ersten fünf oder sechs freien Assoziationen, die Ihnen zu Autorennen einfallen?

Für mich ist es eine Mischung aus (1) NASCAR, (2) Benzin, (3) Reifen, (4) *The Fast and the* Furious-Filme, (5) Japan (fragen Sie mich nicht), (6) Mustangs. Und jetzt kommt der Clou: Jede dieser sechs Assoziationen ist ein ganz normales Thema, zu dem man wechseln kann und das immer noch im Fluss des Gesprächs ist.

„Ich liebe es, Autorennen zu sehen! Es macht so viel Spaß!"

„Sie meinen wie NASCAR oder illegale Straßenrennen?"

„Ich habe mich immer gefragt, was für einen Benzinverbrauch diese Autos haben."

„Haben diese Autos Spezialreifen? Ich glaube nicht, dass die Reifen meines Autos das aushalten würden!"

„Also, sind *die „The Fast and the Furious"-* Filme Ihre Favoriten?"

„Ich habe gehört, dass sie in Japan eine Art Driftrennen machen - meinst du so etwas?"

„Ich stelle mir immer vor, dass Autorennen mit riesigen, starken Mustangs stattfinden. Ist das die Art von Autorennen, die Sie sich ansehen?

Versuchen Sie die freie Assoziation mit den Wörtern „Kaffee" und „Züge" und denken Sie daran, wie viel einfacher es ist, Fragen zu konstruieren und sich allgemein über etwas zu unterhalten, wenn Sie einen mentalen Plan des Themas und der damit verbundenen Themen bilden können.

Man fühlt sich einfach *nicht festgehalten*.

Natürlich ist es am besten, wenn Sie es nicht gleich beim nächsten Mal versuchen, wenn Sie sich in einem tatsächlichen Gespräch befinden. Das freie Assoziieren ist der einfache Teil, aber die Verwendung der Dinge, die Ihnen in einem laufenden Gespräch in den Sinn kommen, kann manchmal knifflig sein. Üben Sie das freie Assoziieren im Laufe einer Woche mehrmals bewusst. Je öfter Sie es tun, desto besser werden Sie darin.

So üben Sie: Schreiben Sie fünf beliebige Wörter auf ein Blatt Papier. Sie können alles sein - ein Substantiv, ein Verb, eine Erinnerung oder sogar eine Emotion oder ein Gefühl. Angenommen, das erste Wort, das Sie schreiben, ist „Serviette". Schreiben Sie so schnell wie möglich drei Assoziationen zu diesem Wort auf. Nehmen Sie das letzte Wort, das Ihnen eingefallen ist, und schreiben Sie dann so schnell wie möglich drei Assoziationen für dieses neue Wort auf. Wiederholen Sie dies dreimal und gehen Sie dann zum nächsten Satz von Wörtern über.

Serviette -> Tisch, Löffel, feines Essen.
Feines Essen -> Frankreich, Michelin-Stern, Butler.
Butler -> Jeeves, weiße Handschuhe, Michael Jackson.
Und so weiter.

Das Üben der freien Assoziation ist eine hervorragende Grundlage für eine gute Konversation, denn bei einer Konversation geht es darum, nicht zusammenhängende Ideen zuzuordnen, Verbindungen herzustellen und mit dem Fluss der Themen mitzugehen. Wenn Sie das nächste Mal nicht wissen, was Sie sagen sollen, gehen Sie einen Schritt zurück und greifen Sie auf Ihre zuvor geübten Fähigkeiten der freien Assoziation zurück.

Genau wie bei allem anderen, was mit Konversationsfähigkeiten zu tun hat, können Sie es nur meistern, wenn Sie es oft genug versuchen. Das Beste an all dem ist, dass Sie es sofort tun können. Man gerät in einen Bewusstseinsstrom. Denken Sie immer daran, dass es keine richtige oder falsche Antwort gibt. Wenn Sie glauben, dass es eine gibt, setzen Sie sich unnötig unter Druck.

Für den Fall, dass Sie aus irgendeinem Grund mit der Technik der freien Assoziation straucheln, können Sie auf eine Alternative zurückgreifen: Bitten Sie die andere Person einfach darum, das Gesagte näher zu erläutern. Wenn also jemand behauptet, dass er Katzen oder Rennen liebt, ermutigen Sie ihn, mehr darüber zu erzählen. So haben Sie mehr Material, mit dem Sie arbeiten und frei assoziieren können. Häufige Gründe, Katzen zu mögen, sind zum Beispiel, dass sie im Vergleich zu

Hunden niedlich und unabhängig sind. Wenn jemand diese Gründe anführt, haben Sie jetzt mehr Dinge, die Sie frei assoziieren können - Katzen, Niedlichkeit und Unabhängigkeit. Nutzen Sie diese Fülle, um sich gute Antworten einfallen zu lassen. Gesprächsfluss erreicht; Schweigen abgewendet.

Doppelte Erklärungen verwenden

Während eines typischen Gesprächs ergeben sich bestimmte Muster.

Es läuft wirklich auf die ersten zehn Fragen hinaus, die Sie wahrscheinlich beantworten werden, wenn Sie jemanden neu kennenlernen. Wenn Sie diese Fragen im Hinterkopf behalten und Ihre Antworten strategisch auswählen, können Ihre Gespräche befriedigender sein und Sie können sich diese Muster zunutze machen, indem Sie sie für sich arbeiten lassen.

Zumindest werden Sie in der Lage sein, die Dauer eines typischen Gesprächs zu verlängern. Kennen Sie diese Muster und finden Sie eindeutige Wege, um mehr Antworten hervorzulocken, das Gespräch zu verlängern und auf andere Weise mehr echten Wert in den Austausch zu packen.

Unabhängig davon, wen und wo Sie jemanden treffen, kann ich Ihnen die ersten zehn Fragen und Themen nennen, die wahrscheinlich aufkommen werden. Diese ersten zehn Fragen können Sie auf einen Weg in Richtung Flow bringen, oder sie können zu Stagnation und Langeweile führen.

Normalerweise läuft es so ab: Wie geht es Ihnen? Wie war Ihr Wochenende? Woher kommen Sie? Wo sind Sie zur Schule gegangen? Haben Sie noch Geschwister? Was machen Sie beruflich? Was haben Sie studiert?

Es ist wichtig, in jedes Gespräch mit vollständig vorbereiteten Antworten auf diese häufigen Fragen einzusteigen. Wenn Sie diese kleinen Gelegenheiten verstreichen lassen, enden Sie mit langweiligen und uninteressanten Antworten. Betrachten Sie diese Fragen als Einladungen, etwas Interessantes zu sagen.

Sie können sich darauf vorbereiten, indem

Sie sich eine Antwort einfallen lassen, die die Leute anspricht und trotzdem die Frage beantwortet. Sie wirken kreativ und interessant, weil Sie etwas Unerwartetes zu sagen bereit sind. Das ist der Punkt, an dem Doppelantworten, wie der Titel des Abschnitts andeutet, ins Spiel kommen.

Der erste Schritt besteht darin, sich eine interessante Antwort auf die Fragen auszudenken, von denen Sie wissen, dass sie Ihnen gestellt werden. Aber halten Sie Ihre Antwort kurz und einfach - eine „laienhafte" Erklärung. Ihr Ziel ist es, Informationen auf eine interessante und einzigartige Weise zu vermitteln.

Wenn jemand zum Beispiel fragt: „Was machen Sie?", ist eine trockene, langweilige Antwort: „Ich bin Anwalt." Stattdessen sollte Ihre Antwort etwas Kurzes und Prägnantes sein wie: „Ich erledige Papierkram für meinen Lebensunterhalt" oder „Ich werde dafür bezahlt, mit Leuten zu streiten." Der erste Weg wird wahrscheinlich nicht zu interessierten Fragen führen, während der zweite Weg sicherlich eine genauere Betrachtung erfordert, und das ist genau das, was Sie wollen. Das ist Flow.

Sie machen die Leute neugierig. Sie bringen sie dazu, sich für das zu öffnen, was Sie zu sagen haben, und dann können Sie mit der doppelten Erklärung fortfahren. Um überzeugende doppelte Erklärungen für häufige Fragen zu finden, beginnen Sie damit, für jede Frage, von der Sie wissen, dass sie Ihnen gestellt werden wird, eine laienhafte Erklärung zu konstruieren.

Auch hier gilt, dass eine Erklärung für Laien einfach ist, einen Kontext bietet, unerwartet ist und die Leute anzieht. Sie veranlasst die Leute, sich für das, was Sie sagen, zu interessieren.

Es gibt Ihnen die Möglichkeit, sich weiter zu erklären, und es entsteht insgesamt ein viel breiteres Netz oder einen Trichter, um Menschen anzusprechen. Sie bleiben allgemein, um die meisten Menschen zu erreichen, sind aber spezifisch genug, um nicht langweilig oder substanzlos zu sein.

Die Laienerklärungen sind der erste Schritt zu einer doppelten Erklärung. Der zweite Schritt beinhaltet die Expertenerklärung.

Expertenerklärungen sind das, was Sie anbieten, nachdem Sie die Leute mit Ihrer vereinfachten oder laienhaften Sichtweise auf das Thema angelockt haben. Es ist die zweite Ebene, die Sie für Momente vorbereitet haben sollten, in denen es den Anschein hat, dass jemand bei demselben Thema bleiben möchte.

Diese Erklärung zieht ihre Aufmerksamkeit auf sich. Nun, da Sie die andere Partei angelockt haben, öffnet sich das Gespräch für eine tiefere Ebene des Engagements.

Das ist auch praktisch, wenn Sie auf jemanden treffen, der den Kontext Ihrer Antwort tatsächlich versteht. Zum Beispiel bei einer Dinnerparty könnte die andere Person tatsächlich ein Anwaltskollege sein. Wenn Sie sagen: „Ich erledige Papierkram für meinen Lebensunterhalt", könnte sie antworten: „Ich auch, das ist ein großer Teil meines Jobs", und dann stellt sich heraus, dass sie auch Anwältin ist. Die andere Partei wird Ihre laienhafte Erklärung schnell begreifen und Sie um eine tiefergehende Erklärung bitten, die Sie vorher vorbereitet haben werden.

Im Wesentlichen ist die Laienerklärung eine Einführung, und die Expertenerklärung ist ein tieferer Blick, um mehr zu enthüllen, wenn Sie dazu aufgefordert werden.

In Anlehnung an das obige Beispiel würde eine gute „Expertenerklärung" lauten: „Nun, ich bin Anwalt für Gesellschaftsrecht und habe mich auf Geschäftstransaktionen und Unternehmensanmeldungen spezialisiert. Viele Unternehmensgründungen und auch einige Investitionen und Kreditdokumente."

Halten Sie immer diese doppelten Erklärungen bereit. Beginnen Sie mit einer laienhaften Erklärung, denn diese lässt Sie geistreich erscheinen und verhindert, dass Sie eine Chance verpassen, einen Eindruck zu hinterlassen. Sie lässt Sie witzig erscheinen und öffnet das Gespräch für tiefere Ebenen des Engagements. Achten Sie jedoch darauf, dass Ihre Antworten nicht einstudiert wirken. Es kann ziemlich einfach sein, jemanden zu erwischen, der mechanisch Zeilen wiederholt, die er auswendig gelernt hat, also halten Sie einen Moment oder zwei inne, bevor Sie antworten.

Hier ist ein weiteres Beispiel:

Die Antwort eines Laien auf die Frage „Was haben Sie letztes Wochenende gemacht?" könnte lauten: „Ich war Skifahren und habe im Allgemeinen den Schnee mit meinem Hintern beim Fallen sehr platt gemacht." Diese Frage kann in beide Richtungen gehen. Die Person kann sagen: „Nun, das ist großartig" und dann zu einem anderen Thema übergehen, oder sie kann sich entscheiden, über feinere Details des Skifahrens zu sprechen.

Wenn Sie bemerken, dass diese Person nach mehr Details fragt, selbst Skifahrer ist oder durch Ihre einleitenden Worte wirklich angelockt wird, können Sie die fachkundige Erklärung anbieten.

„Oh, ich war auf zwei Black Diamonds, einem Blue Diamond und habe neue Skistöcke bekommen, weil meine alten vom Fahren über Buckelpisten verbogen waren." Diese Begriffe werden nur für jemanden Sinn machen, der viel Ski fährt. Damit zeigen Sie Ihrem Gegenüber, dass Sie wissen, wovon Sie sprechen, und dass Sie die gleichen Interessen haben wie er.

Gleichzeitig wollen Sie nicht den Eindruck erwecken, als würden Sie mit großen Worten um sich werfen, nur weil Sie es können. Das ist ein todsicherer Weg, um als arrogant wahrgenommen zu werden. Wenn Sie spüren, dass Ihr Gegenüber zwar interessiert ist, aber kein Skifahrer, dann vereinfachen Sie Ihre fachkundige Erklärung so, dass sie für ihn leicht verständlich ist.

Sobald Sie wissen, dass die Konversation nicht oberflächlich bleiben wird, können Sie Ihre fachkundige Erklärung auf die Leute loslassen, um Engagement zu erzeugen und sofort aus einem gemeinsamen Interesse Kapital zu schlagen.

Die Quintessenz ist, dass Sie durch die Vorbereitung im Vorfeld dafür sorgen können, dass die Gespräche ein Eigenleben entwickeln. Und die gute Nachricht ist, wie ich bereits erwähnt habe, dass Gespräche oft Fragen beinhalten, die gar nicht so neu sind. Sie sind sehr vorhersehbar. Wenn Sie alle Ihre Gespräche zusammenfassen würden, könnte man sie in etwa zehn Fragen zusammenfassen, also ist es einfach, sich vorzubereiten.

Indem Sie sich die häufigsten Fragen bewusst machen und sich vielleicht drei interessante Geschichten oder Eröffnungssätze für jede Frage einfallen lassen, werden Sie zu einem besseren Gesprächspartner.

Effektivere Komplimente

Komplimente können dazu beitragen, dass Ihre Unterhaltungen länger dauern und Sie zum Objekt der Aufmerksamkeit und Zuneigung von jemandem werden. Der Trick ist, dass Sie wissen müssen, wie man sie richtig einsetzt.

Ich erinnere mich, dass mir einmal, als ich ein Kind war, eine Vertretungslehrerin Komplimente über meine Haare und Augen gemacht hat, um ein Gespräch zu führen. Der einzige Grund, warum ich mich daran erinnere, ist, dass es klar war, dass die Aushilfslehrerin versuchte, einen guten Eindruck auf mich zu machen, also machte sie mir jedes Mal, wenn sie mich sah, Komplimente zu denselben Dingen.

Jedes Mal, wenn ich aus der Pause in den Raum kam, jedes Mal, wenn ich morgens in die Klasse ging, jedes Mal, wenn ich von der Toilette zurückkam... schon als Kind merkte ich, dass das etwas seltsam war.

Leider denken viele Menschen, dass Komplimente wie Süßigkeiten sind. Sie glauben, je mehr Süßigkeiten sie verteilen, desto mehr werden andere Menschen sie mögen.

Das heißt, bis zum unvermeidlichen Zuckerrausch-Crash oder Hohlraum. Mehr ist nicht immer besser.

Theoretisch sind Komplimente großartige Dinge, aber wenn man sie unsachgemäß oder im falschen Kontext einsetzt, wird alles Gute, das sie bewirken können, die Toilette hinuntergespült. Die Aushilfslehrerin aus meiner Jugend nahm all das Wohlwollen, das sie bei mir hatte, und spülte es prompt die Toilette hinunter, weil es sich so unnatürlich und gezwungen anfühlte, so viel gelobt zu werden.

Komplimente werden allgemein als etwas Gutes angesehen, aber manchmal können sie Sie unzuverlässig oder wie einen Schmeichler aussehen lassen. Komplimente von jemandem, der sie leichtfertig und häufig verteilt, haben wenig Wert. Wenn Sie jedoch als die Art von Person wahrgenommen werden, die nur dann Komplimente macht oder Dinge wertschätzt, wenn sie wirklich einen Wert darin sieht, werden Ihre Worte viel mehr Bedeutung haben.

Wie ich in diesem Buch schon oft gesagt habe, ist Ihr Hauptziel, dass Sie beide ein gegenseitiges Wohlbefinden und Vertrauen entwickeln. Ein plumpes Kompliment trägt nicht dazu bei, diesen Effekt zu erzielen.

Wann hat Ihnen das letzte Mal jemand ein Kompliment gemacht? Was haben Sie gefühlt, als Sie das Kompliment gehört haben?

Es fühlt sich gut an, wenn einem gesagt wird, dass man etwas richtig macht, oder dass man einen gewissen Wert hat. Menschen fühlen sich gerne bestätigt und wertgeschätzt. Komplimente zu machen, kann diese Gefühle zu erzeugen. In Gesprächen schaffen Komplimente eine positive Atmosphäre, die das allgemeine Wohlbefinden der Menschen mit Ihnen steigern kann. Ein richtig gemachtes Kompliment kann viel dazu beitragen, dass Sie in den Augen anderer Menschen gut aussehen.

Dies geschieht nicht nur in Ihrem Kopf. Sie beginnen auf eine bestimmte Art zu atmen. Ihr Blut fängt an, auf eine bestimmte Weise zu pumpen. Es gibt eine Korrelation zwischen Ihrem emotionalen Zustand und Ihrer körperlichen Reaktion. Das ist auch umgekehrt der Fall. Wenn jemand etwas Positives zu Ihnen sagt, produziert Ihr Gehirn Neurotransmitter, die mit einem Gefühl von Wohlbefinden und Glück verbunden sind.

Wenn zum Beispiel einer Ihrer Freunde Ihnen ständig Komplimente macht und Sie immer wieder dazu bringt, sich besser zu fühlen, beginnen Sie wahrscheinlich, sich darauf zu freuen, denjenigen zu sehen. Sie können es vielleicht nicht genau benennen, aber Sie wollen einfach in seiner Nähe sein. Was tatsächlich passiert ist, ist, dass Ihr Gehirn diesen Freund mit dem positiven Gefühl, ein Kompliment zu bekommen, verknüpft hat und so eine automatische Reaktion erzeugt hat, sich jedes Mal gut zu fühlen, wenn Sie mit ihm zusammen sind. Schließlich wird diese positive Konditionierung ein wenig süchtig machen.

Wenn Sie mit Menschen zusammen sind, die Ihnen ständig ein gutes Gefühl geben, möchten Sie öfter mit ihnen zusammen sein. Umgekehrt ist das auch so. Wenn Sie auf Menschen treffen, die vorhersehbar negativ sind und Sie geistig und emotional in eine schlechte Lage bringen, neigen Sie dazu, sie zu meiden. Sehen Sie, die Konditionierung funktioniert auch so, dass Ihr Gehirn bestimmte Menschen mit negativen Emotionen verbindet, so dass Sie sich sofort unwohl fühlen, wenn sie in deren Nähe sind.

Eine der grundlegenden Regeln für Sympathie und Charisma ist das Konzept der Gegenseitigkeit. Einfach ausgedrückt: Wir sind freundlich zu Menschen, die zuerst freundlich zu uns sind. Selten sieht man jemanden, der sehr negativ reagiert, wenn jemand ihm ein Geschenk macht oder seine Wunden verbindet oder ihm anderweitig hilft.

Es ist ein fast universeller Charakterzug. Wenn Sie jemandem ein Kompliment machen, fühlt er sich gut und hat das Gefühl, davon profitiert zu haben. Er wird dann nach einer Gelegenheit suchen, sich für Ihre positive Handlung zu revanchieren, indem er Ihnen ein Kompliment zurückgibt.

Diese Gegenseitigkeit schafft eine angenehme Interaktion und erhöht das Maß an Komfort, das Sie miteinander haben.

Es ist jedoch leicht, sich in den Vorteilen von Komplimenten zu verfangen und anzunehmen, dass, nur weil man jemandem ein Kompliment macht, dieser automatisch versteht, was man meint. Am Ende erwartet man eine gewisse „Gegenleistung" für die Komplimente, die man verteilt. So funktioniert das aber nicht, wie mein Aushilfslehrer gelernt hat.

Sie müssen Komplimente auf die richtige Art und Weise anbringen, sonst werden Ihre Komplimente bestenfalls flach und schlimmstenfalls unaufrichtig wirken. Anstatt die Leute dazu zu bringen, Ihnen zu vertrauen, werden sie misstrauisch oder skeptisch gegenüber Ihren Motiven. Am Ende bewirken Sie genau das Gegenteil von dem, was Sie beabsichtigen.

Das erste, worauf Sie sich konzentrieren müssen, ist das, *was* Sie anderen Menschen an Komplimenten machen können.

Sie müssen Dinge auswählen, für die Sie andere loben wollen, die die größte Wirkung haben werden. Mit anderen Worten, es muss etwas sein, das ihnen tatsächlich wichtig ist. Andernfalls wirkt Ihr Kompliment nicht aufrichtig und Sie erwecken den Eindruck, dass Sie unecht oder manipulativ sind.

Das ist die erste Faustregel. Sie wollen, dass Ihre Komplimente maximale Wirkung haben. Sie wollen, dass sie die Menschen auf die richtige Weise beeinflussen.

Hier sind die zwei Schlüsselbereiche, die für den Fokus Ihrer Komplimente wichtig sind: Dinge, über die Menschen die Kontrolle haben, und Dinge, für die sich Menschen bewusst und gezielt entschieden haben.

Sie sollten Menschen Komplimente für die Dinge machen, die sie kontrollieren können, wie ihre Kleidung, ihren Modestil, ihre Frisur und ihren Wohnraum.

Während diese nur wie oberflächliche, materielle Elemente erscheinen, sind sie auch persönlich und einflussreich. Warum? Weil diese Dinge widerspiegeln, wer eine Person ist und was sie getan hat, während ein Kompliment über etwas, über das sie keine Kontrolle hat, wie z. B. ihre Augenfarbe, dies nicht tut.

Die Person hat tatsächlich Kontrolle über die Dinge, die ich aufgelistet habe, und sie hat eine Wahl getroffen. Sie hat ihren persönlichen Modestil, ihren Haarschnitt und die Art und Weise, wie sie ihr Haus oder ihre Wohnung eingerichtet hat, gewählt. Diese Dinge spiegeln den Geschmack und die Werte einer Person wider.

Nehmen Sie zum Beispiel die Garderobe - Menschen kleiden sich auf eine bestimmte Weise, weil sie bestimmte Werte haben. Wie sie sich kleiden, spiegelt auch ihre Gewohnheiten wider und wie sie in der

Welt gesehen werden möchten.

Wählen Sie Dinge, über die sie sich offensichtlich einige Gedanken gemacht haben. Dazu könnte ein helles Hemd, eine auffällige Handtasche, ein ungewöhnliches Kunstwerk oder ein Oldtimer gehören. Dies sind Merkmale, die aus dem Rahmen fallen, die ungewöhnlich sind und die eine bewusste Abweichung von der Norm widerspiegeln. Wenn Sie jedoch aus vielen Dingen wählen müssen, um jemandem ein Kompliment zu machen, wählen Sie das, was am wenigsten offensichtlich ist. Angenommen, Ihre Freundin macht sich zu einem bestimmten Anlass schick für Sie. Sie trägt ein schickes Kleid, stylt sich die Haare und zieht schöne Schuhe an. Welches Kompliment machen Sie?

Nehmen Sie das am wenigsten Offensichtliche, sagen wir ihre Ohrringe. Es kann manchmal einfach sein, das Offensichtliche zu loben, aber die Details zu würdigen, die nicht offensichtlich sind, gibt den Menschen das Gefühl, etwas Besonderes zu sein. Es zeigt ihnen, dass Sie sich die Zeit und Mühe genommen haben, ihnen Aufmerksamkeit zu schenken.

Was diese Komplimente effektiv macht, ist, dass diese Art von persönlichen Aussagen der Person das Gefühl geben, einzigartig zu sein.

Stellen Sie sich zum Beispiel vor, ich bevorzuge Hawaii-Hemden. Ich trage sie immer. Offensichtlich halte ich sehr viel von Hawaii-Hemden und ich glaube irgendwie, dass sie mich anders aussehen lassen als die Masse. Wenn ich für meine Hawaii-Hemden ein Kompliment bekomme, ist das nur eine Bestätigung dafür, dass andere meinen Gedankengang erkennen und mich ebenfalls als einzigartig und interessant empfinden.

Mit anderen Worten, ein großer Teil meiner Persönlichkeit und meines Charakters ist in der Tatsache verankert, dass ich mich entschieden habe, diese Art von Hemden zu tragen. Indem Sie jemandem ein Kompliment zu etwas machen, das er offensichtlich mit Absicht gewählt hat, erkennen Sie die Aussage an, die er über sich selbst gemacht hat, und bestätigen sie. Sie machen sich die Mühe, ihn sich besonders fühlen zu lassen.

Woran erkennen Sie, was für eine Person eine besondere Bedeutung hat? Konzentrieren Sie sich darauf, wie viel Zeit und Mühe normalerweise mit diesen Entscheidungen verbunden sind. Die politische Position von jemandem ist nicht etwas, das er leichtfertig einnimmt. Es ist etwas, das wahrscheinlich viel Zeit und Überlegung gekostet hat, um es zu entwickeln. Oft ist ihre politische Position ein Produkt ihrer Erfahrung. Auch wenn es vielleicht unangenehm ist, einen politischen Standpunkt direkt zu loben, können Sie versuchen, Bereiche zu finden, in denen ihre Sichtweise mit Ihrer eigenen übereinstimmt, um sie zu bestätigen. Dies zeigt ihnen, dass Sie aufgeschlossen sind und konträre Standpunkte akzeptieren.

Wenn Sie Komplimente zu Dingen machen, die individuelle Entscheidungen widerspiegeln, kann Ihr Kompliment eine große Wirkung haben.

Andere Eigenschaften, zu denen Sie Menschen Komplimente machen können, sind ihre Umgangsformen, die Art und Weise, wie sie bestimmte Ideen formulieren, ihre Meinungen, ihre Weltanschauung und ihre Perspektive.

Sie sagen: „Ich stimme den Entscheidungen zu, die Sie getroffen haben, und ich verstehe Ihren Gedankengang!" Der umgekehrte Fall wäre, jemandem ein Kompliment für etwas zu machen, über das er null Kontrolle hat, wie z. B. seine Größe.

Es ist schön, das zu hören, aber es läuft letztlich auf ein „Hey, gut, dass du Glück mit den Genen hattest" hinaus, was nicht viel Eindruck macht. Denken Sie daran, es ist nicht etwas, wofür sie gearbeitet oder eine Wahl getroffen haben. Es sei denn, Sie loben ihre Wimpernverlängerung oder die Form ihrer Augenbrauen, die natürlich auch viel Mühe kosten.

Da es sehr wahrscheinlich ist, dass eine Person schon einmal gehört hat, dass jemand anderes ein Kompliment über seine Augen bekommen hat, wird sie sich nicht gerade einzigartig fühlen, wenn sie ein Kompliment über ihre eigenen Augen erhält. Und wenn ihre Augen wirklich bemerkenswert sind, hat sie es wahrscheinlich selbst schon tausendmal gehört, also haben Sie nichts Neues gesagt.

Ihre Komplimente müssen auf etwas abzielen, das ein gewisses Maß an Bestätigung bietet. Zum Beispiel eine ungewöhnliche Frisur, durch die sich die Person besonders und einzigartig fühlt. Indem Sie Ihr Kompliment dorthin lenken, betonen Sie ihr eigenes, selbst empfundenes Gefühl, wie besonders sie wirklich ist.

Wenn Sie jemandem ein Kompliment für seine Augen oder ein anderes Merkmal machen, das er nicht kontrollieren kann, wie z. B. seine Körpergröße, wirkt das austauschbar, denn es gibt viele Menschen auf diesem Planeten, die helle, attraktive Augen haben.

Es ist nichts Besonderes, sie haben es schon einmal gehört, und Sie könnten dasselbe Kompliment an diesem Tag fünfzig Leuten machen. Es gibt keinen Besitzanspruch darauf. Genauso gibt es eine Menge Leute, die groß sind. Was bedeutet es für jemanden, wenn er sagt: „Du bist so groß, das ist großartig"?

Wenn jemand zwei Arme und zwei Beine hat, ist das nicht gerade ein Kompliment. Wenn jemand dagegen offensichtlich trainiert und plötzlich engere T-Shirts trägt, kann das für ihn eine enorme Quelle des Stolzes sein.

Warum? Sie haben eine Menge Arbeit investiert. Sie haben ihren normalen Körperbau von einem Bierbauch zu einem durchtrainierten und gut definierten Körper verändert. Sie haben proaktiv und bewusst versucht, diesen Körperbau zu erreichen - es ist ihnen *wichtig*. Wenn Sie wirklich den Effekt und die Wirkung Ihres Kompliments maximieren wollen, fängt alles damit an, dass Sie andere Menschen beobachten.

Achten Sie darauf, wie die Person Ihrer Meinung nach wahrgenommen werden möchte, denn das gibt Ihnen einen Einblick in ihre Unsicherheiten, und Sie können Ihre Komplimente nutzen, um ihr Selbstvertrauen in diesen Bereichen zu stärken. Wenn jemand ständig ins Fitnessstudio geht und Fitness zu einem großen Teil seines Lebensstils macht, ist es ziemlich sicher, dass er als fit, aktiv und gesundheitsbewusst wahrgenommen werden möchte. Heben Sie das mit einem Kompliment hervor.

Komplimente, die auf Dinge abzielen, in die die Person große Anstrengungen unternommen hat, zahlen sich enorm aus. Diese Formel funktioniert wie ein Uhrwerk.

Fazit

- Kennen Sie diese Menschen, die immer etwas Kluges oder Witziges zu sagen haben? Haben Sie sich jemals gefragt, wie sie diese scheinbar magische Eigenschaft kultiviert haben? Wenn ja, dann sollten Sie wissen, dass es viel einfacher ist, witzig zu sein, als Sie vielleicht denken, und Sie müssen nicht mit der Gabe des Redens geboren werden. Wenn Sie bestimmte Tricks und Techniken befolgen, können Sie selbst eine solche Persönlichkeit entwickeln. Das erste Element, das Sie angehen sollten, ist der Gesprächsfluss und das Aufrechterhalten eines Austausches.

- Der erste Trick im Buch ist, niemals in absoluten Worten zu sprechen. Eliminieren Sie Fragen und Aussagen, die Wörter wie „lieblings-", „absolut", „nur", „am schlimmsten" usw. enthalten, aus Ihrem Wortschatz. Wenn Sie jemanden fragen: „Was ist Ihr absoluter Lieblingsfilm?", setzen Sie Ihren Gesprächspartner durch die Frage unter Druck, die eine Pause entstehen lässt und den Redefluss zerstört. Stattdessen sollten Sie Ihre Fragen immer verallgemeinern, indem Sie ihnen Grenzen und Einschränkungen auferlegen. Dies erfordert nicht so viel Nachdenken von Ihrem Gesprächspartner und ermöglicht es ihm, einer Frage einfach mit einer Reihe von Antworten zu begegnen, anstatt auf der Suche nach der einen „richtigen" Antwort gefangen zu sein.
- Reaktionen sind wichtig. Menschen sagen und tun Dinge aus einem bestimmten Grund, nämlich eine Reaktion zu bekommen. Dieser Schritt ist trügerisch einfach und doch schwierig. Achten Sie auf

andere Menschen und fragen Sie sich, welche Emotion sie hervorrufen wollen. Dann geben Sie sie ihnen. Lassen Sie sich nicht zu lange Zeit mit der Antwort, aber zu schnell zu sein ist auch nicht ratsam. Das alles dient dazu, anderen das Gefühl zu geben, dass Sie präsent und engagiert sind.

- Wenn Ihnen nichts mehr einfällt, verwenden Sie eine Technik, die freie Assoziation genannt wird, um eine Reaktion zu erzeugen. Das sind Wörter, die Ihnen sofort in den Sinn kommen, wenn Sie etwas hören. Wenn zum Beispiel jemand über Katzen spricht, üben Sie die freie Assoziation mit den bereitgestellten Übungen, und Sie werden in der Lage sein, schneller und einfacher Antworten zu finden. Eine Konversation als Ganzes ist nur eine Reihe von zusammenhängenden Aussagen und Geschichten, daher ist die freie Assoziation ein Üben des Konversationsflusses.

- Unabhängig davon, mit wem Sie sprechen, werden Ihnen wahrscheinlich die gleichen allgemeinen Fragen gestellt. Dazu gehören „Was machen Sie?", „Wie war Ihr Tag?" und ähnliche Fragen. Auf solche Fragen sollten Sie zwei separate Antworten vorbereiten, von denen eine interessant und einzigartig ist (die Laienerklärung), während die andere informativer ist (die Expertenerklärung). Bei der ersten Begegnung mit jemandem zu vertraulich zu sein, ist nicht immer hilfreich und kann andere verwirren und sprachlos machen.

- Lernen Sie schließlich, gute Komplimente zu machen. Auch das ist täuschend leicht. Machen Sie Komplimente über Dinge, über die Menschen die Kontrolle haben oder für die sie eine Entscheidung getroffen haben. Wählen Sie keine genetischen Eigenschaften wie Größe oder Augenfarbe; wählen Sie stattdessen Dinge, um die sich die Person aktiv bemüht hat. Die Leute fühlen sich wohl und geschmeichelt und beginnen, sich zu öffnen.

Kapitel 2. Konversation ist Spiel

Nachdem wir nun einige Techniken besprochen haben, um eine Art Gesprächsfluss zu erreichen oder zumindest peinliches Schweigen zu vermeiden, lassen Sie uns nun einige Möglichkeiten betrachten, wie wir einfach spielen und mehr Spaß in sozialen Interaktionen haben können. Oftmals gibt es hohe Erwartungen und einen Druck, sich auf eine bestimmte Art und Weise zu präsentieren. Aber das beraubt uns eines der Hauptvorteile einer Konversation - Spiel und Unterhaltung. Der Unterschied mag klein erscheinen, aber diese beiden Ziele führen zu divergierenden Wegen.

Außerhalb einiger weniger ausgewählter Kontexte sollten wir immer für Spiel und Vergnügen optimieren. Schließlich ist das der Sinn dieses Buches. Wenn Sie lernen wollen, wie man sich in der Büropolitik zurechtfindet, sind Sie im falschen Text gelandet.

Die vierte Wand durchbrechen

Die vierte Wand ist ein Begriff im Fernsehen, in Filmen und Theaterstücken, bei denen der Charakter aus seiner Rolle heraustritt und das Publikum direkt anspricht. Stellen Sie sich vor, dass ein Schauspieler auf der Bühne von drei Wänden umgeben ist. Da sind natürlich die Rückwand und die beiden Seitenwände. Die vierte Wand ist der Raum direkt vor dem Schauspieler. Wenn der Schauspieler direkt zum Publikum spricht, durchbricht er die vierte Wand.

Wenn Sie jemals *Ferris macht blau* mit Matthew Broderick gesehen haben, durchbricht er ständig die vierte Wand, indem er das Publikum anspricht, als ob er sich bewusst ist, dass er beobachtet wird. Ein anderes Beispiel ist Kevin Spacey in *House of Cards.* Er wendet sich direkt an sein Publikum, entweder durch Worte oder durch einfache Mimik, um zu vermitteln, wie er sich wirklich fühlt. Und natürlich, wer könnte Jim Halpert aus *Das Büro* und seine verwirrten Blicke in Richtung Kamera vergessen?

Wenn Sie die vierte Wand durchbrechen, bestätigen Sie auf subtile Weise etwas über das aktuelle Gespräch, an dem Sie gerade teilnehmen.

Stellen Sie sich vor, dass Ihr Gespräch eine Fernsehsendung ist, in der Sie beide Charaktere gleichzeitig darstellen, und Sie Ihre Zeilen aus einem Drehbuch ablesen. Die vierte Wand zu durchbrechen würde bedeuten, aus dem Gespräch herauszutreten und eine Beobachtung über die Diskussion oder das Thema oder etwas anderes, das den Kontext des Gesprächs betrifft, zu machen. Sie können dies auch als „Meta" über das aktuelle Gespräch bezeichnen.

Sie durchbrechen die vierte Wand des Gesprächs, indem Sie das Gespräch selbst auf eine beobachtende oder analytische Weise kommentieren. Sie sprechen so, als ob Sie es von außen betrachten würden.

Zum Beispiel:

- „Wow, dieses Gespräch hat wirklich eine seltsame Wendung genommen, nicht wahr?"
- „Haben Sie gerade eine Anspielung auf die Spice Girls und Boybands der 90er gemacht?"
- „Wir waren so abgelenkt, dass wir das Thema vergessen haben!"
- „Ich entschuldige mich im Voraus dafür, dass ich zu viel über Kaffee rede."

Das Durchbrechen der vierten Wand ist ein beobachtender Kommentar zum Gespräch selbst. Er wird am besten mit einer gewissen Überraschung und Neugierde abgegeben, denn der Kontext ist, dass Sie auf eine positive Art und Weise so bewegt sind, dass Sie sich gezwungen sehen, das zu kommentieren. Sie verlassen die Rolle und kommentieren, wo es angebracht ist. Wenn Sie es richtig machen, zeigt das Durchbrechen der vierten Wand ein höheres Maß an Selbsterkenntnis.

Es lenkt die Aufmerksamkeit auf etwas, das Ihnen an der anderen Person aufgefallen ist, und in den meisten Fällen ist es etwas, das die andere Person bewusst getan hat oder auf das sie stolz ist. Bei dem obigen Beispiel ist es sehr wahrscheinlich, dass jemand bewusst eine Anspielung auf eine 90er-Jahre-Boyband gemacht hat, weil er es unterhaltsam findet - er wäre sehr froh zu wissen, dass Sie auch so denken.

Diese Taktik zeigt der anderen Person auch, dass Sie dem Geschehen auf einer tieferen Ebene des Gesprächs Aufmerksamkeit schenken.

Genau wie bei anderen Techniken, die ich in diesem Buch behandelt habe, sollten Sie es nicht übertreiben. In vielen Fällen wollen die Leute so dringend schlauer wirken, als sie tatsächlich sind, dass sie die vierte Wand auf katastrophale Weise einsetzen. Das wird dazu führen, dass Ihr Versuch gezwungen und übermäßig selbstbewusst wirkt, was die andere Person nur dazu bringt, ihre Worte in Ihrer Nähe vorsichtiger zu wählen, aus Angst, falsch interpretiert zu werden.

In diesem Sinne sollten Sie keine negativen oder zweifelnden Kommentare abgeben, denn das wirkt besonders wertend und so, als ob Sie auf die andere Person herabschauen würden. Wenn Sie zum Beispiel die vierte Wand durchbrechen, um etwas zu sagen wie „Haben Sie gerade wirklich einen Kommentar über ganzheitliche Medizin abgegeben?", würde das wahrscheinlich als Angriff erscheinen. Dies steht im Gegensatz zum positiven Durchbrechen der vierten Wand, was im Endeffekt bedeutet, die andere Person für etwas zu loben.

Anstatt beide Gesprächspartner zum Lachen zu bringen oder zumindest ein enormes Wohlbehagen zu verspüren, lässt das Durchbrechen der vierten Wand Sie am Ende bevormundend, herablassend oder geradezu beleidigend wirken. Diese Effekte sind das genaue Gegenteil von dem, was Sie zu erreichen versuchen, und helfen Ihnen nicht weiter.

Schlechtes Beispiel: „Lenken Sie das Gespräch wirklich wieder auf sich selbst?"

Schlechtes Beispiel: „Nur so nebenbei: Ich finde es lustig, dass Sie die Zielscheibe des Witzes waren."

In beiden Fällen erweckt das Durchbrechen der vierten Wand, um etwas Negatives zu sagen, den Eindruck, dass Sie sich über etwas besonders geärgert haben, während es bei etwas Positivem zum gegenteiligen Ergebnis führt.

Wann setzen Sie dies also ein? Hier sind zwei einfache Anlässe und Kontexte, bei denen Sie die vierte Wand mit einer starken, positiven Wirkung durchbrechen können.

Erstens kann diese Technik verwendet werden, um darauf hinzuweisen, was beide Personen denken, aber nicht sagen. Dies kann sich auf die Umgebung beziehen oder auf etwas Bemerkenswertes aus dem Gespräch selbst.

„Haben wir gerade zehn Minuten lang über Toilettenmarken gesprochen? Wir passen definitiv gut zusammen."

„Wow, wir sind gerade an einem sechzigjährigen Michael-Jackson-Imitator vorbeigelaufen, oder?"

Zweitens können Sie die Konversationstaktik der vierten Wand verwenden, um Ihre Meinung zu dem Gespräch oder dem, was gerade passiert, zu äußern. Achten Sie jedoch darauf, dass Ihre Meinung positiv, unterhaltsam oder vorzugsweise beides ist.

Wenn das Gespräch zu lautem Lachen und kräftigem Schenkelklopfen übergegangen ist, dann könnten Sie kommentieren: „Diese Unterhaltung ist wirklich eskaliert, nicht wahr?"

Umgekehrt könnten Sie, wenn Sie sich nicht sicher sind, wohin das Gesprächsthema führt, sagen: „Ehrlich gesagt, habe ich keine Ahnung, wohin dieses Gespräch führt, aber es gefällt mir."

Die „Wir-gegen-die-Welt"-Technik

Menschen haben gerne das Gefühl, dazuzugehören. Es ist ein universeller Wunsch. Unabhängig von der Kultur, aus der wir kommen, unabhängig von der geografischen Region, aus der wir stammen, haben wir alle gerne das Gefühl, Teil eines größeren Kollektivs zu sein.

Einige von uns brauchen das Gefühl, Teil eines größeren globalen Ökosystems zu sein, andere wollen sich einfach nur von ihrer Fußballmannschaft oder sogar nur von ihrem Gesprächspartner einbezogen und akzeptiert fühlen. Dies ist ein enormes psychologisches Reservoir, das Sie anzapfen können, um ein besserer Gesprächspartner zu werden.

Zugegeben, das ist eine ziemlich hohe und hochtrabende Beschreibung für die einfache „Wir gegen die Welt"-Technik, aber sie spricht all diese Dinge im Kopf eines Menschen gleichzeitig an.

Wie sieht die Technik aus?

Einfach: „Junge, es ist wirklich laut da drin. Unglaublich, dass die ganzen Leute da drin taub werden."

Es scheint nicht viel zu sein, aber es ist schnell und effektiv.

Diese Aussage schafft eine eigene Gruppe, die besonders und vom Rest des Raums oder der Welt getrennt ist. Sie haben im

Wesentlichen Ihre eigene Gruppe geschaffen, die nur Sie beide enthält - Sie beide besitzen ein besonderes Wissen, teilen dieselben Gedanken, stehen über dem Rest der Leute, die herumwuseln und ihre Trommelfelle beschädigen, und sind im Wesentlichen die einzigen beiden gesunden Menschen. Sie beide gegen den Rest der Welt, die *verrückt* geworden ist. In gewisser Weise durchbrechen Sie hier auch die vierte Wand, denn Sie kommentieren eine Situation, in der Sie sich befinden, von außen.

Es ist das gleiche Gefühl, wenn Sie Zeuge von etwas unglaublich Merkwürdigem werden und Sie und ein Fremder sich in die Augen sehen und wissende Blicke austauschen. Sie rufen eine Gemeinsamkeit im Denkprozess oder in der aktuellen Umgebung auf und machen deutlich, dass nur Sie beide diese Gemeinsamkeit haben. Wenn Sie sich laut äußern, machen Sie deutlich, dass Sie den anderen auf der gleichen Ebene des Verständnisses und der Gedankengänge sehen wie Sie. Und ob sie nun zustimmen oder nicht, sie werden sich geneigt fühlen, zuzustimmen und sich Ihrer In-Group anzuschließen.

„Wir gegen die Welt" ist eine besonders hilfreiche Taktik, wenn Sie in bestimmten Situationen irgendwie „gezwungen" sind, bei einem Bekannten oder sogar einem völlig Fremden zu bleiben. Wie oft waren Sie schon auf einer Party, auf der Sie mit dem Freund eines Freundes an einem Tisch festsaßen, an dem außer Ihnen beiden niemand saß und Sie schweigend an Ihren Snacks knabberten? Wenn Sie nicht über die konversationellen Fähigkeiten verfügen, um Abhilfe zu schaffen, zerfällt diese Situation leicht in einen unbeholfenen Tanz von Augäpfeln, die den Kontakt zueinander vermeiden, und dem gelegentlichen trockenen Lächeln, während Sie im Stillen dafür beten, dass Ihr Freund so schnell wie möglich zurückkehrt.

Wenn Sie sich das nächste Mal in einer solchen Situation befinden, versuchen Sie diese Technik als Gesprächseinstieg. Äußern Sie eine Beobachtung über die Veranstaltung, an der Sie beide teilnehmen, das Essen, das serviert wird, oder das allgemeine Verhalten der Menschen um Sie herum. Dies ist eine offene Einladung an die andere Person, ebenfalls ihre Meinung oder

Beobachtung zu dem zu äußern, worauf Sie gerade hingewiesen haben, und wirkt wie ein Funke auf Holz, um ein Gespräch zu entfachen.

Idealerweise weisen Sie auf etwas hin, von dem Sie ziemlich sicher sind, dass Sie beide etwas gemeinsam haben, oder etwas, das Sie beide im Gegensatz zum Rest der Welt (der diese Eigenschaft nicht besitzt) teilen. So könnte ein solches Gespräch ablaufen:

„Hey, ist dir aufgefallen, wie sich die Leute an den Tischen um uns herum Grünzeug auf ihre Tellern gestapelt haben, während wir beide uns für Fleisch in Hülle und Fülle entschieden haben?"

„Ja. Ich bin ein großer Fleischfresser."

„Ich auch. Obwohl ich vor einigen Jahren einmal versucht habe, vegan zu werden."

„Wirklich? Wie war es?"

„Sagen wir einfach, ich hatte eine Kuh."

Wie dieses Beispiel zeigte, wurde die anfängliche Bemerkung über die

Essensauswahl auf einer Party zu einem Sprungbrett für den Austausch von Vorlieben und Erfahrungen über Lebensmittel und Essgewohnheiten im Allgemeinen. Die Konversation wird wahrscheinlich aufblühen, da jede Person mehr über ihre eigenen Essgewohnheiten und interessante Essenserfahrungen erzählen kann.

Eine andere Möglichkeit, die Situation zu betrachten ist, dass Sie Ihren eigenen Insider-Witz geschaffen haben. Wenn Sie wirklich Teil einer In-Group sind, die aus zwei Personen besteht, haben Sie einzigartige, exklusive gemeinsame Erlebnisse, über die Sie später sprechen können. „Hey, weißt du noch, als wir uns kennengelernt haben und unsere Trommelfelle fast geplatzt sind?"

Wie Sie sehen, kann die „Wir gegen die Welt"-Technik subtil und einfach sein. Aber es ist auch leicht, das Ziel zu verfehlen. Und wenn Sie das Ziel verfehlen, wird es so klingen, als ob Sie nur eine Beobachtung über etwas Offensichtliches machen, ohne einen guten Grund dafür zu haben.

Es verwandelt eine korrekte Anwendung der Technik, wie z.B. „Können Sie sich vorstellen, welche Art von peinlichem Smalltalk die Leute hier versuchen?" in „Ja, diese Veranstaltungen sind peinlich."

Was Sie tun müssen, ist eine Bestandsaufnahme zu machen, wie Sie mit jemandem eine In-Group bilden können. Im Allgemeinen sollten Sie beobachten, (1) was im Moment bemerkenswert ist, um es zu kommentieren, (2) was Sie kontextuell und nicht persönlich gemeinsam haben, und (3) allgemeine Emotionen, die Sie aufgrund des Kontexts wahrscheinlich teilen.

Für bemerkenswerte Dinge, die man kommentieren kann, könnte man sagen: „Ja, ich habe diesen Michael-Jackson-Lookalike auch gesehen und habe das Gefühl, ich werde verrückt. Sie auch?"

Um einen gemeinsamen Kontext zu teilen, könnten Sie sagen: „Können Sie glauben, wie aggressiv hier alle sind? Das ist ein bisschen viel! "

Bei allgemeinen Gefühlen, die Sie wahrscheinlich teilen, könnten Sie sagen:

„Ich bin froh, dass ich nicht der Einzige hier bin, der..." oder „Ja, es ist anstrengend da drin, nicht wahr?"

Wenn Sie die „Wir-gegen-die-Welt"-Gesprächstechnik verwenden, können Sie auf Ähnlichkeiten zwischen Ihnen und Ihrem Gesprächspartner zurückgreifen. Sie kitzeln auch ähnliche Gedankenmuster heraus, die Sie beide vielleicht teilen. Sie tun dies, indem Sie sie einfach erkennen und hervorheben. In Wirklichkeit sind Sie beide wahrscheinlich nicht anders als alle anderen in diesem geografischen Raum oder Kontext, aber Ihre Kommentare können den Anschein erwecken, dass Sie es sind.

Indem Sie diese wahrgenommene Ähnlichkeit offen aussprechen, erzeugen Sie ein Gefühl der Nähe und Verbundenheit. Zumindest denkt die andere Person, dass Sie in die gleiche Richtung und auf der gleichen Ebene denken wie sie selbst. In manchen Fällen können Sie diese Technik auch nonverbal anwenden. Wenn Sie einfach mit dem Kopf oder den Augen auf etwas Seltsames zeigen und darüber lachen, wird die gleiche Verbindung hergestellt.

Dies kann besonders an lauten Orten nützlich sein oder wenn die Person, zu der Sie gestikulieren wollen, weit von Ihnen entfernt sitzt, wie z. B. an einem großen Tisch.

Diese Technik ist ungeheuer hilfreich, denn die Regel Nummer eins in Sachen Sympathie ist es, Menschen das Gefühl zu geben, dass man ihnen ähnlich ist. Unabhängig von Hautfarbe, religiösen, ethnischen und anderen Unterschieden bevorzugen wir Menschen, die uns auf irgendeiner Ebene ähnlich sind.

Dies zapft das psychologische Reservoir an, das ich am Anfang dieses Kapitels erwähnt habe. Wir möchten einen psychologischen „sicheren Ort" für uns und die Menschen, die uns ähnlich sind, schaffen. Das sind unsere Freunde; das sind Menschen, auf die wir uns verlassen und denen wir vertrauen können.

Dies ist eine so tiefe und tiefgreifende psychologische Tatsache für den Menschen, weil sie in unserer DNA fest verankert ist. Stellen Sie sich vor, Sie wären in einer afrikanischen Savanne vor 50.000 Jahren.

Stellen Sie sich vor, Sie gehen durch dieses Grasland und haben eine „Wir gegen die Welt"-Mentalität.

Mit dieser Denkweise könnten Sie Verbündete identifizieren, die Ihrer Familie oder Ihren Stammesmitgliedern helfen würden, am Leben zu bleiben. Stellen Sie sich nun die umgekehrte Situation vor. Stellen Sie sich vor, was passieren würde, wenn Sie nicht auf diese Weise denken würden. Sie würden wahrscheinlich als Mittagessen für einen Löwen enden.

Nutzen Sie diese grundlegende psychologische Tatsache zu Ihrem Vorteil, indem Sie eine Wahrnehmung der Ähnlichkeit erzeugen. In Wirklichkeit unterscheiden Sie und Ihr Gesprächspartner sich gar nicht so sehr vom Rest der Menschen um Sie herum. Aber durch diese Technik erzeugen Sie ein künstliches Gefühl von Nähe und Ähnlichkeit, das zu einer höheren Sympathie führt.

Es erweckt auch den Eindruck, dass Sie ein aufmerksamer Mensch sind. Es lässt Sie aufmerksam genug erscheinen, um diese

Dinge zu bemerken und sie zu benennen. Und deshalb sind Sie und Ihr Gesprächspartner auf der gleichen Wellenlänge. Wo führt das alles hin? Nun, es führt dazu, dass die andere Partei ermutigt wird, weitere Gedanken mit Ihnen zu teilen. Sie hat das Gefühl, dazuzugehören, und dieses Gefühl schafft ein höheres Maß an Komfort, das das Gespräch vorantreibt.

Fallback-Geschichten verwenden

Fallback-Stories oder Ausweichgeschichten, wie ich sie gerne nenne, können als Ausweichmöglichkeiten verwendet werden, wenn Ihnen die Dinge ausgehen, die Sie sagen wollen. Aber sie können auch verwendet werden, um Leute zu engagieren, ein Gespräch zu beleben oder Leute zum Lachen zu bringen, die sich im Moment ein bisschen steif fühlen.

Was unterscheidet eine Fallback-Story von einer normalen Story?

Nun, eine Fallback-Story hat vier verschiedene Komponenten - aber keine Sorge, sie kommen ziemlich natürlich und organisch, sobald Sie ein bisschen Übung damit haben.

Ich konzentriere mich auch nicht so sehr auf den Aspekt des Geschichtenerzählens an sich, da sich das von selbst ergibt (und eigentlich nicht so wichtig ist), wenn man die anderen Komponenten erst einmal beisammen hat.

Es gibt vier Komponenten für Fallback-Stories: (1) der Brückensatz, (2) die Geschichte selbst, (3) Ihre Meinung zu der Geschichte und (4) sich auf verschiedene Weise nach der Meinung der anderen Person zu erkundigen. Wie gesagt, Sie werden sich sehr schnell an diesen Prozess gewöhnen, weil er sehr natürlich ist.

Zunächst einmal ein Beispiel. Stellen Sie sich vor, dass ein Gespräch abklingt oder es eine Pause zwischen den Themen gibt.

(1) Hey, weißt du, was ich kürzlich gehört habe?

(2) Eine meiner Freundinnen hat ihrem Freund gerade einen Heiratsantrag gemacht, und jetzt sind sie verlobt. Anscheinend wollte sie einfach nicht mehr

warten und hat beschlossen, fortschrittlich zu sein und die Geschlechterrollen zu ignorieren und ihr Leben selbst in die Hand zu nehmen. Sie hatte sogar einen Ring und alles.

(3) Als ich das erste Mal davon gehört habe, dachte ich generell, warum nicht, es ist 2020! Ich kenne die beiden und es passt irgendwie zu ihrer Beziehung.

(4) Was denken Sie darüber? Würden Sie das jemals tun? Wie würden Sie reagieren, wenn Ihr Lebensgefährte das mit Ihnen machen würde? Würden Sie es auch mit einem Ring machen?

Auf den ersten Blick scheint dies eine lockere, aufmerksamkeitsstarke Geschichte zu sein, die aufgrund der Art und Weise, wie sie präsentiert wurde, und der Fragen, die am Ende gestellt werden, um die Diskussion fortzusetzen, auf jeden Fall ein Gespräch auslösen wird. Sie müssen nicht alle Fragen gleichzeitig stellen, denn das wäre eine Menge, die man sich merken müsste. Halten Sie ein oder zwei Fragen bereit, die Sie als Folgefragen stellen können, nachdem Sie Ihre Geschichte erzählt haben. Eine Flut von

Fragen könnte die andere Person nur unsicher machen, auf welche Frage sie zuerst antworten oder sich stärker konzentrieren soll. Jede der einzelnen Komponenten spielt jedoch eine wichtige Rolle.

Die erste Komponente ist der Brückensatz. Obwohl er kurz ist, bietet er einen einfachen, plausiblen Übergang von dem vorherigen Thema zu Ihrer Ausweichgeschichte. Sie brauchen damit nicht viel zu sagen, er liefert nur den Kontext dafür, warum Sie das Thema überhaupt ansprechen. Sie haben erst kürzlich davon gehört. Überdenken Sie diesen Teil nicht mit Einwürfen wie „Wie können Sie aus der Stille oder dem vorherigen Thema in dieses Thema eintauchen?" Das erledigt dieser Brückensatz auf einfache und schnelle Art und Weise. „Wissen Sie, was ich kürzlich gehört habe?" ist eine ziemlich flexible Option, während andere, die Sie verwenden können, „Möchten Sie etwas Interessantes wissen, das kürzlich passiert ist?" und „Sie werden nicht glauben, was neulich passiert ist." Alle drei wecken eine gewisse Neugierde und bieten Ihnen den perfekten

Einstieg in Ihre Geschichte.

Die zweite Komponente ist die eigentliche Geschichte selbst. Beachten Sie, dass sie nicht lang ist und dass die Details der Geschichte hier nicht einmal so wichtig sind. Die Geschichte führt nur ein oder zwei Hauptprämissen ein, und ich gehe nicht ins kleinste Detail, weil das nicht das ist, was eine Unterhaltung vorantreibt.

Ich stelle die Prämissen vor, versuche, mich auf die ein oder zwei primären Emotionen zu konzentrieren, die ich hervorrufen möchte, und mache von dort aus weiter. Dies ist kurz, und die meisten Bücher über das Erzählen von Geschichten machen es zu kompliziert, indem sie Formeln für das Erzählen einer einfachen Geschichte erklären. Wenn Sie die Geschichte richtig erzählen, dreht sich die Reaktion nicht um die Geschichte selbst, sondern um die Fragen, die sie aufwirft (und die Sie stellen).

Eine weitere Möglichkeit, eine effektive und griffige Geschichte zu konzipieren, besteht darin, zu überlegen: „Was ist die primäre Emotion und Pointe der Geschichte, die ich zu erzählen versuche?" und dies in einen

Satz zu destillieren. Wenn Sie das nicht können, sind Ihre Geschichten wahrscheinlich wirres Durcheinander, das die Leute innerlich aufschreien lässt.

Die dritte Komponente ist meine Meinung (als Sprecher) zu diesem Thema. Bei den meisten dieser Ausweichgeschichten möchten Sie eine positive Meinung wiedergeben; andernfalls fühlen sich die Leute vielleicht nicht wohl dabei, sich zu öffnen und mitzuteilen, wenn sie zufällig anderer Meinung als Sie sind. Mit anderen Worten: Wenn ich sage, dass ich es für eine schreckliche Entscheidung halte, dass die Frau dem Mann einen Heiratsantrag macht, wird die andere Person vielleicht nicht sagen, dass sie es für eine gute Idee hält, aus Angst, mich zu verärgern oder mir zu widersprechen. Teilen Sie einfach mit, wie Sie darüber denken und versuchen Sie, sich in den Kontext einzuordnen.

Diese Komponente ist der Schlüssel, um die andere Person zu öffnen, denn Sie haben sich zuerst mitgeteilt und sich dadurch verletzlich gemacht. Die andere Person wird sich sicherer fühlen, wenn Sie zuerst Ihre Position offengelegt haben - das ist einfach eine Facette der menschlichen Psychologie.

Die vierte und letzte Komponente scheint wie eine Reihe von unsinnigen Fragen, aber es gibt eine Logik in dem Chaos. Wenn Sie jemanden bitten, sich allgemein zu einer Situation zu äußern, tun sich die meisten Menschen schwer mit dieser Aufforderung, weil sie so offen und weit gefasst ist.

Sie haben eine unendliche Auswahl an Richtungen, in die sie gehen können, und sie sind sich nicht sicher, welche Frage Sie genau gestellt haben.

„Würde ich das tun? „" denken sie vielleicht. „Was meinen Sie? Überhaupt einen Antrag machen? Wenn ich eine Frau wäre, oder als Mann? Ich verstehe Ihre Frage nicht."

Daher sind Fallback-Geschichten am besten, wenn sie mit einer Reihe von Fragen abgeschlossen werden. Der Grund dafür ist, dass die Art der Antwort, nach der Sie suchen, deutlich wird, wenn Sie eine Reihe von Fragen stellen, und dass unterschiedliche Fragen bei unterschiedlichen Menschen in Resonanz gehen. Die Person, mit der Sie sprechen, wird also vielleicht die ersten drei Fragen nicht wirklich verstehen oder etwas dazu sagen können, aber sie wird aufleuchten, wenn sie die vierte Frage hört... auch wenn es im Wesentlichen die gleiche Frage ist, die nur auf eine andere Weise gestellt wurde.

Man kann physisch sehen, dass diese Herangehensweise mit einer Serie von Fragen funktioniert. Die Gesichter der Leute leuchten auf, wenn man eine Frage stellt, die bei ihnen ankommt, und wenn sie etwas zu antworten haben... auch wenn es wieder genau die gleiche Frage ist, die anders formuliert ist.

Das sind die vier Komponenten einer guten Ausweichgeschichte - und das Beste daran ist, dass Sie sie im Voraus vorbereiten und aus dem Ärmel schütteln können, wann immer Sie das Gefühl haben, dass Sie das Gespräch aufpeppen müssen.

Funktioniert die obige Geschichte gut? Sie scheitert nie, weil es eine zwischenmenschliche Situation mit universellen Themen und Fragen ist - was bedeutet, dass im Grunde jeder eine

Meinung dazu haben kann.

Wenn Sie überlegen, welche Ausweichgeschichten Sie aus dem Ärmel schütteln wollen, eignen sich aus diesem Grund zwischenmenschliche Situationen am besten. Andere Aufforderungen, die sich gut für Ausweichgeschichten eignen, sind zum Beispiel, Leute zu fragen, was sie in bestimmten hypothetischen Situationen tun würden, und nach Meinungen zu moralischen Dilemmas zu fragen (solange sie nicht düster und deprimierend sind).

Sie suchen vor allem nach universellen Themen, denn dann können Sie sicherstellen, dass die Leute etwas zu der anschließenden Diskussion beitragen können, sonst wird es nur dazu führen, dass Sie eine Geschichte über eine interessante Begebenheit erzählen.

Zum Beispiel:

- Mein Freund hat 300 € für ein Essen ausgegeben, hauptsächlich für Wein, ohne ersichtlichen Anlass oder Grund. Unter welchen Umständen würden Sie 300 € für eine Mahlzeit ausgeben?

- Mein Freund sah, wie die Lebensgefährtin seines Freundes seinen Freund betrog. Er hat es seinem Freund erzählt. Würden Sie es erzählen?
- Jemand hat eine Gehaltskürzung von 40.000 € in Kauf genommen, um in seinem Traumjob zu arbeiten. Wo ist die Grenze für Sie?
- Jemand hat herausgefunden, dass er nur noch zwei Wochen zu leben hat und ist in die Antarktis gefahren. Klingt das für Sie attraktiv, oder würden Sie etwas ganz anderes machen?

Denken Sie einfach daran, all dies in Geschichten zu verpacken, die Ihnen zufällig in den Sinn gekommen sind, sagen Sie Ihre Meinung und fragen Sie auf verschiedene Weise nach der Meinung Ihres Gesprächspartners.

Sofort-Rollenspiel

Eine der besten Möglichkeiten, aus dem Interviewmodus auszubrechen, ist ein Rollenspiel. In eine Rolle schlüpfen, sich selbst hinter sich lassen und sich auf die ultimative Art des *Gesprächsspiels* einlassen.

Betrachten wir das mal aus der Vogelperspektive.

Sie stecken in einem Smalltalk-Gespräch im Interview-Stil fest. Es scheint hoffnungslos, in ein Gespräch überzugehen, das eine sinnvolle Beziehung aufbaut. Sie fühlen sich beide zu befangen und eingeschränkt in dem, worüber Sie sprechen können. Sie fühlen sich gefangen, und zu allem Überfluss kommt der Freund, der Sie mitgenommen hat, erst in etwa einer Stunde zurück.

Was wäre, wenn Sie sich entschließen würden, wie jemand aus einer Fernsehserie oder einem Film zu handeln? Was wäre, wenn Sie sich aktiv vorstellen würden, was diese Figur in Ihrer Situation tun würde, und es laut aussprechen würden?

Stellen Sie sich vor, dass die andere Person genau den gleichen Prozess durchläuft und beginnt, die Rolle einer anderen Person zu spielen. Wie würde Ihr Gespräch an diesem Punkt aussehen?

Viel besser!

Darin liegt die Magie des Rollenspiels. Es ist nicht nur großartig für Konversation und Unterhaltung, es kann Sie aus Konversationsgefängnissen befreien. Es erlaubt Ihnen zu sagen, was Sie sonst vielleicht nicht sagen würden, und auf eine Art und Weise zu handeln, für die Sie normalerweise zu befangen wären.

Es geht darum, zu spielen und eine Menge Spaß und Ungezwungenheit in Ihr Gespräch zu bringen. Sie wollen nicht in einer Situation feststecken, in der Sie eine Frage stellen, die andere Person antwortet, dann stellt sie eine Frage und Sie antworten. In vielen Fällen ist ein solcher Austausch oberflächlich und getrost zu vergessen.

Wenn Sie die Aufmerksamkeit der Person gewinnen und einen guten Eindruck machen wollen, spielen Sie mit ihr und machen Sie ein kleines Rollenspiel.

Sofort-Rollenspiele sind einfacher durchzuführen als die Taktiken in den beiden vorherigen Kapiteln und helfen

Ihnen auch, etwas Humor in ein Gespräch zu bringen. Der knifflige Teil ist, die andere Person dazu zu bringen, mitzuspielen. Um erfolgreich zu sein, wählen Sie generische Rollen, die jeder mit wenig Aufwand spielen kann.

Das Erzählen traditioneller Witze mit ihren strukturellen Anforderungen erfordert das richtige Thema und die richtige Situation, damit sie Sinn machen. Das tötet eine Menge Spontaneität und Spaß während eines Gesprächs. Bis Sie den Dreh raus haben, ist es in der Regel eine bessere Entscheidung, mehr konversationelle Lachtaktiken auszuprobieren, und das sofortige Rollenspiel ist eine davon.

Genau wie das Szenario zu Beginn dieses Kapitels führt Sie das Rollenspiel in eine andere mentale Arena, in der die Menschen ihren Verstand einsetzen und während des Gesprächs bewusst mit Ihnen zusammenarbeiten, um diese Rollen immer wieder durchzuspielen.

Bei dieser Technik sagen Sie den Leuten, welche Rollen sie spielen werden, damit sie Ihnen auf natürliche Weise gehorchen. Sie sind derjenige, der das Rollenspiel initiiert, und das ermöglicht den Leuten, Ihnen zu folgen, wenn sie eine klare Richtung sehen, wohin sie gehen sollen.

Im Grunde genommen macht Rollenspiel Spaß. Wenn man sich darauf einlässt, machen die Leute gerne mit. Ob wir in der Schule Chor oder Theater gemacht haben oder nicht, es macht Spaß, in das Leben eines anderen zu schlüpfen, auch wenn es nur kurz ist.

An irgendeinem Punkt in unserem Leben haben wir alle versucht, eine Rolle zu spielen, oder wir sagen lächerliche Dinge, die wir normalerweise nicht sagen. Wir versuchen, in die Situation einer anderen Person zu schlüpfen und die Welt aus deren Perspektive zu betrachten und entsprechend zu handeln. Dadurch werden viele verschiedene Aspekte unserer persönlichen Vorstellungskraft und Kreativität angeregt. Es ist eine großartige Möglichkeit, aus unserer täglichen Routine und unseren eigenen Rollen herauszutreten.

Die meisten Menschen begrüßen

Rollenspiele, weil unsere persönlichen Rollen in der Realität einschränkend wirken können. Zum Beispiel ist Ihre Rolle ein Sohn, ein Freund, ein Bekannter, ein Angestellter, und so weiter und so fort. Es ist zu einfach, sich über seine Rollen zu definieren, anstatt über das, was man wirklich ist. Deshalb ergreifen die meisten die Gelegenheit, mit Rollenspielen aus ihrem Alltag auszubrechen. Denken Sie daran, wie frei Sie sich fühlen, wenn Sie an Halloween eine Maske tragen und anonym werden.

Was sind also die Schritte beim Rollenspiel?

Schritt 1: Treffen Sie eine „wertende" Aussage über jemanden.

Der Trick ist, dass die Aussage den Gesprächspartner in Kontrast zu Ihnen setzen muss. Sie muss ihn im Verhältnis besser, schlechter, lustiger, glücklicher, verrückter oder ruhiger machen als Sie. Es kann ein Kompliment oder eine spielerische Stichelei sein, solange es einen Kontrast zwischen Ihnen und der anderen Person darstellt.

Sie können ihr zum Beispiel ein Kompliment machen. Dies versetzt sie in eine überlegene Rolle Ihnen gegenüber. Sie könnten sagen: „Dein Sinn für Stil ist so erstaunlich, ich wünschte, ich hätte ihn auch." Diese Aussage impliziert, dass die andere Person einen besseren Geschmack in Sachen Kleidung hat als Sie. Relativ zu Ihnen ist sie in dieser Hinsicht überlegen.

Eine Stichelei hingegen versetzt sie in eine untergeordnete Rolle gegenüber Ihnen. Wenn Sie zum Beispiel sagen: „Schöne Jacke. Gibt es die auch für Frauen?", impliziert das, dass sie den Unterschied zwischen Männer- und Frauenjacken nicht erkennt und Hilfe beim Anziehen braucht. Relativ gesehen, sind Sie ihr in dieser Hinsicht überlegen.

Sie urteilen nicht über sie, aber Sie machen eine Aussage, die der anderen Person einen Wert zuweist.

Schritt zwei: Geben Sie ihnen eine Bezeichnung, die auf der von Ihnen gemachten Aussage basiert.

Hier sehen Sie, warum es so wichtig ist,

dass die Aussage, die Sie in Schritt 1 gemacht haben, einen relativen Wert zuweist.

Wenn Sie zum Beispiel jemandem das Kompliment machen: „Wow, du bist großartig im Navigieren", fahren Sie fort und geben Sie ihm einen Titel oder ein Etikett, wie zum Beispiel „Milwaukees ganz eigener Magellan" oder „mein persönliches Go-to-GPS bei Road-Trips".

Wenn Sie den umgekehrten Weg gehen und jemanden mit „Sie sind schrecklich im Navigieren" necken würden, würden Sie ihm einen Titel oder ein Etikett geben wie „Sie sind wie Lewis und Clark, aber blind" oder „Google Maps, aber offline".

Es ist wichtig, dass Sie ihnen tatsächlich einen Titel oder eine Bezeichnung geben, anstatt nur zu beschreiben, wie gut oder schlecht sie im Vergleich zu Ihnen sind. Es ist wichtig, weil... ***das ist die Rolle, die sie spielen werden***!

Schritt drei: Fangen Sie an, die Rollen zu spielen!

Welchen Titel oder welches Etikett Sie ihnen auch immer gegeben haben, das ist die Rolle der anderen Person.

Was ist Ihre Rolle? Deshalb muss die Rolle relativ zu Ihnen sein: Sie können entweder jemand sein, der von dieser Person lernt, oder jemand, der diese Person lehrt.

Wenn zum Beispiel jemand der *moderne Magellan* ist, dann ist das seine Rolle, und Ihre Rolle ist es, neugierig zu sein, wie er sein Handwerk gelernt hat und so gut darin geworden ist. Wenn Sie die Rolle von jemandem in der Höhe ansiedeln, dann ist Ihre Rolle darunter.

Wenn jemand *Google Maps, aber offline* ist, dann ist seine Rolle Ihnen unterlegen, und Sie nehmen die Rolle des Lehrers ein. Wenn Sie jemanden spielerisch niedermachen, ist Ihre Rolle ihm überlegen.

Beschreiben Sie die Rollen ganz genau, und spielen Sie sie dann nach. Dies ist entscheidend für den Humor. Sie müssen konsequent bleiben.

So klingt das Ganze vom Anfang bis zum

Ende zusammengesetzt:

„Sie sind so toll mit Karten und Navigation, ich kann es nicht glauben. Sie sind wie ein moderner Magellan."

„Oh, danke, Mann. Ich habe es einfach oft gemacht."

„Nein, sie sind Magellan. Welchen Kontinent haben Sie am liebsten entdeckt?" (Hier haben Sie Ihrem Gesprächspartner seine Rolle zugewiesen und versetzen ihn buchstäblich in sie hinein und bitten ihn, sie anzunehmen).

„Oh... wahrscheinlich Südamerika. Die Früchte sind dort so lecker." (Hier kapiert er, dass Sie ein Rollenspiel machen. Nicht jeder wird das sofort oder überhaupt kapieren. Wenn er es kapiert, bleiben sie in ihrer Rolle und fahren mit dem Ton fort, den Sie angegeben haben. Wenn er es nicht kapiert, machen Sie weiter und versuchen Sie es in Kürze erneut.)

„Ja, das macht Sinn. Haben Sie mit den Einheimischen interagiert?"

„Die ganze Zeit!"

„Haben Ihnen die Einheimischen oder die Früchte mehr gefallen?"

„Schwer zu sagen..."

Also, was ist da passiert? Ich habe meinem Gesprächspartner explizit seine Rolle genannt, und zwar durch den Titel, den ich ihm aufgrund eines Kompliments gegeben habe. Das Kompliment war hyperbolisch und übertrieben, da dies die leichter zu spielenden Arten von Rollen und Charakteren sind.

Es ist viel einfacher - und interessanter - jemanden zu spielen, der unglaublich geisteskrank ist, als jemanden, der nur leicht gestört ist, oder?

Nachdem die Person realisiert hat, was passiert, liegt es an Ihnen, das Rollenspiel weiterzuführen. Sie haben die Rollen und die Situation geschaffen, und Sie müssen sie weiterhin leiten.

Hier ist ein weiteres Beispiel für ein Sofort-Rollenspiel in Aktion:

„Dieses Brathähnchen schmeckt himmlisch. Sie können wirklich gut kochen. Sie müssen der örtliche Bobby Flay sein!"

„Oh ja, ich habe das Rezept verwendet, das in meinem neuen Kochbuch steht. Haben Sie schon ein Exemplar davon bekommen?"

„Noch nicht. Würden Sie mir ein signiertes Exemplar geben?"

„Klar! Wenn Sie nicht vergessen, morgen Abend meine neue Sendung auf Food Network einzuschalten."

„Ah ja, Sie werden dort Ihr Barbecue-Saucenrezept vorstellen, richtig?"

„Ja. Und wenn Sie mich zu einem Barbecue einladen, dann bereite ich Ihnen und Ihren anderen Gästen vielleicht diese Signature-Sauce zu!"

Wie Sie sehen, ist ein Sofort-Rollenspiel leichter zu initiieren, als Sie denken. Es erlaubt Ihnen, Sackgassen in der Konversation zu überwinden und in einen Gedankenmodus einzutreten, in dem Sie mit der anderen Person spielen. Es ist eine viel bessere Grundhaltung für die Beziehung und förderlicher für die Freundschaft, als mit Smalltalk zu beginnen und zu versuchen, diese von dort aus zu entwickeln.

Fazit

- Jede Unterhaltung ist eine Gelegenheit zur spielerischen Interaktion. Es braucht nur eine Änderung der Denkweise, um das zu erkennen, und die Welt wird sich öffnen.
- Das Durchbrechen der vierten Wand ist ein einfacher, aber effektiver Schritt, um ein Gespräch interessanter zu gestalten. Diese Technik, die oft in Filmen verwendet wird, besteht im Wesentlichen darin, das Gespräch, das Sie führen, auf irgendeine positive Weise zu kommentieren. In der Regel handelt es sich dabei um etwas, das beide Parteien denken, das aber unkommentiert geblieben ist. Wenn Sie ein besonders lustiges Gespräch mit jemandem führen, könnten Sie

scherzhaft bemerken: „Die Dinge sind wirklich eskaliert, nicht wahr?" Dies ist eine großartige Möglichkeit, eine Verbindung herzustellen, da es zeigt, dass Sie sich Ihrer Gespräche auf einer tieferen Ebene bewusst sind.

- Als nächstes haben wir die „Wir gegen die Welt"-Technik. Bei dieser Technik bilden Sie mit Ihrem Gesprächspartner eine Gruppe, die auf einer gemeinsamen Erfahrung oder Emotion basiert, die Sie beide teilen. Wenn Sie z. B. beide in einem Club sind, in dem die Musik zu laut ist, können Sie etwas sagen wie „Diese Leute scheinen sich gut zu verstehen, aber ich bin sicher, dass wir beide bald unser Gehör verlieren werden!" Dies bildet eine gemeinsame Erfahrung und einen Insider-Witz, der auch in zukünftigen Interaktionen verwendet werden kann.

- Wenn ein Gespräch abzuebben scheint oder sich dahinschleppt, sollten Sie ein paar Ausweichgeschichten haben, um Ihre Interaktion wieder zu beleben. Dabei handelt es sich um extrem kurze

Begebenheiten, die Sie erzählen können, um die Meinung der anderen Person zu erfahren oder zu fragen, wie sie in der gleichen Situation reagieren würde. Die Betonung liegt hier auf dem Gespräch und der Meinung. Sie können zum Beispiel erzählen, wie ein Mädchen mit Stereotypen gebrochen und ihrem Freund einen Heiratsantrag gemacht hat, und anschließend fragen, was sie in einer ähnlichen Situation tun würde. Dies kann ein überraschendes Gespräch auslösen.

- Wir haben auch das Sofort-Rollenspiel als eine Technik, auf die Sie zurückgreifen können. Dies ist vielleicht einer der einfachsten Tricks, die bisher erwähnt wurden. Der Trick besteht in der Regel darin, dass Sie beide eine gegensätzliche Rolle übernehmen und diese zur komödiantischen Auflockerung durchspielen. Hier gibt es vier Schritte zu beachten. Zuerst loben Sie die andere Person für eine Eigenschaft, die sie hat, z. B. dass sie ein guter Navigator ist. Dann weisen Sie ihm eine Rolle zu, die auf dieser

Eigenschaft basiert, z. B. wie Magellan zu sein. Das ist die Rolle, die sie spielen wird, die eines berühmten Seefahrers. Stellen Sie anschließend interessante Fragen zur Navigation („Welchen Kontinent haben Sie am liebsten entdeckt?") und bringen sich selbst in das Rollenspiel mit ein.

Kapitel 3. Ein Hauch von geistreichem Geplänkel

Was ist ein sicheres Rezept für eine spritzige und angenehme Unterhaltung? Natürlich, eine Prise geistreiches Geplänkel! Während die vorangegangenen Kapitel Sie in der Kunst geschult haben, den Dialog wie einen Fluss fließen zu lassen und Sie darauf vorbereitet haben, Konversation als Spiel zu betrachten, wird dieses Kapitel Sie mit den Werkzeugen ausstatten, um Ihre Unterhaltungen durch gut getimte und clevere Witzeleien mit Lachern zu verschönern.

Eine Einstellung für Geplänkel ist eine Einstellung für Spiel und Unterhaltung. Leider ist es wahrscheinlich nicht das, was Sie gewöhnt sind.

Im Moment nehmen Sie wahrscheinlich Aussagen und Fragen von Menschen für bare Münze, denken nicht weiter darüber nach und bleiben in der wörtlichen Spur eines Gesprächs. Infolgedessen können die Dinge ungewollt das eher geschäftsmäßige Gefühl eines Vorstellungsgesprächs annehmen, als ein Gespräch mit einem engen Freund.

Hier ist eine schnelle und einfache Illustration. Wenn ich jemanden fragen würde, wie das Wetter draußen ist, wäre eine wörtliche, direkte Antwort: „Es hat gerade angefangen zu regnen. Sieht kalt aus. "

Eine Antwort von jemandem, der eine humorvolle Einstellung hat, würde deutlich anders ausfallen: „Es ist nicht nass genug, um einen Regenschirm zu brauchen, aber verabschieden Sie sich von Ihrer Frisur." Der Unterschied liegt darin, wie wörtlich man die Frage interpretieren würde, und wie wörtlich die gegebene Antwort ist. Klingt ein bisschen wie zwei unterschiedliche Arten von Erklärungen, die man geben kann, oder?

Es gibt einen Grund dafür, dass manche Menschen scheinbar jede Minute einen witzigen Spruch auf Lager haben, während

Sie für sich selbst das Gefühl haben, nur alle zwei Wochen gut kontern können. Der Unterschied liegt nicht darin, dass sie von Natur aus witziger sind, sondern darin, dass sie die richtige Einstellung dafür haben. Sie sind auf Humor vorbereitet und sogar darauf aus.

Wie Sie im obigen Beispiel gesehen haben, stecken die meisten von uns in dem Modus fest, in dem wir zu ernst sind. Wir glauben, dass Gespräche, nur weil sie auf eine bestimmte Art und Weise begonnen haben, in eine bestimmte Form passen und wir dieser bis zum Schluss folgen müssen. Wir tun dies, weil wir häufig auf Autopilot laufen und uns angewöhnt haben, Gelegenheiten verstreichen zu lassen.

Wenn jemand nach dem Wetter fragt, ja, dann will er die Temperatur wissen. Aber damit ist es nicht getan. Sie können die Frage auf viele Arten beantworten, und nicht einfach wie eine Testfrage.

Wir haben viele Erwartungen, wohin unsere Gespräche gehen und wie sie verlaufen sollten, aber in Wirklichkeit kümmern sich die Leute nicht um diese

Erwartungen.

Hinzu kommt, dass diese Erwartungen oft zu Gesprächen über Dinge führen, die keine der beiden Parteien interessieren. Was dies so unangenehm macht, ist, dass beide Parteien einfach zu höflich sind, um etwas über das Gespräch zu sagen. Niemand möchte länger als jeweils einen Satz über das Wetter sprechen.

Wie können wir also eine Denkweise schaffen, bei der wir sofort mehr Humor in unserem täglichen Leben haben, weil wir einen anderen Blickwinkel einnehmen? Es ist das Spielen im Gegensatz zur Diskussion, oder das Amüsieren im Gegensatz zur Konversation. Es gibt viele Möglichkeiten, diese beiden unterschiedlichen Denkweisen zu betrachten.

Der Standard-Konversationsansatz, den die meisten Menschen verwenden, ist natürlich zu diskutieren und sich zu unterhalten. Daran ist nichts auszusetzen, und es kann durchaus zu interessanten Enthüllungen führen.

Das Problem ist, dass es schnell langweilig

wird und einen ernsten und düsteren Ton annehmen kann, wenn das Ihr Ansatz für ein Gespräch ist. Es ist nicht der ideale Weg, um eine Beziehung aufzubauen, da es eine trockene Diskussion von Fakten und Neuigkeiten sein kann, die Ihnen nichts über die Persönlichkeit einer Person verrät und Ihnen auch nicht erlaubt, Ihre eigene zur Schau zu stellen.

Menschen diskutieren aktuelle Ereignisse mit Kollegen. Menschen spielen mit Freunden und amüsieren sie mit persönlichen Geschichten. Sehen Sie den Unterschied?

Der Unterschied in der Denkweise sollte darin bestehen, sich darauf zu konzentrieren, spielerischer zu sein, Leute nicht immer für bare Münze zu nehmen und sich nicht darum zu kümmern, Fragen wörtlich zu beantworten. Nur weil jemand nach dem Wetter gefragt hat, heißt das nicht, dass man nur über das Wetter reden darf.

Wie können Sie das anstellen?

Sie können aktiv darüber nachdenken, wie

Sie auf spielerische Art und Weise auf jemanden reagieren. Stellen Sie sich vor, wie Sie reagieren würden, wenn Sie fünf Jahre alt wären, und das ist wirklich eine bessere Herangehensweise an eine spielerische Konversation, die eine Beziehung aufbauen kann.

Wenn Sie jemand nach dem Wetter fragt, was sind die verschiedenen Möglichkeiten, wie Sie antworten können?

Sie können dumme Fragen stellen. Sie können Dinge sagen, nur um zu sehen, wie andere darauf reagieren. Sie können ausgefallene Hypothesen aufstellen, Sie können den Elefanten im Raum ansprechen, Sie können Ihren inneren Monolog laut aussprechen und so weiter.

Möglicherweise sehen Sie die andere Person generell als jemanden an, mit dem Sie herumalbern können, anstatt einen professionellen ersten Eindruck zu hinterlassen. Sie müssen den Leuten keine ernsthaften, exakten Antworten geben. Menschen fühlen sich in der Regel viel mehr zu interessanten und bemerkenswerten Antworten hingezogen. Wenn Sie nicht gerade einen mündlichen Bericht abgeben, kann man sagen, dass sie immer etwas bevorzugen würden, das ihre Aufmerksamkeit erregt, anstatt trocken und penibel zu sein.

Denken Sie daran, dass es Ihnen nicht unbedingt darum geht, eine Reihe von Fakten entgegenzunehmen oder zu vermitteln oder bestimmte Informationen zu extrahieren. Stattdessen ist es Ihr Ziel, sich in der Nähe von Menschen wohlzufühlen und, was am wichtigsten ist, sie dazu zu bringen, sich in Ihrer Nähe wohlzufühlen. Mit diesem Gedanken im Hinterkopf können wir den Grundstein für den Austausch von witzigen Scherzen legen.

Ein Wort der Vorsicht: Achten Sie darauf, dass Sie tatsächlich die Frage von jemandem beantworten. Sie können gleichzeitig humorvoll und informativ sein. Achten Sie darauf, dass Sie gelegentlich auf die andere Person eingehen, um sicherzustellen, dass Sie es nicht an substanziellen Inhalten mangeln lassen, wenn sie danach sucht.

Die witzige Konter-Maschine

Als ehemaliges dickes Kind hatte ich eine ziemlich umfangreiche Bibliothek an witzigen Kontern für jene charmanten Leute, die mich gerne darauf hinwiesen, dass ich in der Tat dick war.

Zum Beispiel, dass sie nicht mit mir im Auto mitfahren konnten, aus Angst, es könnte umkippen.

Oder dass ich so füllig war, dass auf meinem Sporthemd der Marke Polo ein *echtes* Pferd abgebildet war (das war ziemlich clever, muss ich zugeben).

Wohlgemerkt, ich war nicht wirklich viel zu dick - nur zwanzig Pfund Übergewicht. Irgendwann entwickelte ich jedoch eine Art von Konter, die es immer schaffte, die Leute entweder zum Schweigen zu bringen oder sie durch Lachen auf meine Seite zu bringen.

Wussten Sie auch, dass mein Polo-Sport-Shirt als Fallschirm verwendet werden kann?

Sie sollten besser sechs zusätzliche Räder für

mich an Ihr Auto montieren.

Passen Sie auf, ich werde mich auf Sie setzen und ersticken.

Woraus genau bestehen diese Zeilen und warum sind sie so effektiv?

Eine witzige Konter-Maschine zu werden ist einfacher als Sie denken, und es ist eine der besten Konversationstaktiken, die Sie lernen können. Diese Technik kommt nicht nur bei Beleidigungen zum Einsatz - wenn Sie das Grundgerüst erst einmal gelernt haben, ist sie überall anwendbar. Wenn es sich um eine negative Situation handelt, kann ein witziger Konter die Spannung zerstreuen und die Emotionen wieder auf ein normales Niveau bringen. Wenn es eine positive Situation ist, dann kann ein witziger Konter sie noch besser machen.

Wie auch immer die Situation aussieht, wenn Sie witzige Konter beherrschen, werden Sie sich den Respekt anderer Leute für Ihren cleveren Witz verdienen. Es braucht nur einen Satz - und je kürzer und schlagkräftiger, desto besser und effektiver. Je länger ein Konter ist, desto weniger Schlagkraft hat es.

Ein witziger Konter tut viele Dinge gleichzeitig. Er bringt die Leute zum Lachen und entwaffnet sie, während er Sie klug, einfühlsam und geistreich erscheinen lässt. Außerdem zeigt er den Leuten, dass Sie locker sind und Hürden umgehen können, die auf Sie zukommen. Wenn die meisten Menschen beleidigt werden oder wenn man sich über sie lustig macht, reagieren sie entweder mit Wut oder versuchen, es herunterzuspielen. Mit einem witzigen Konter zeigen Sie anderen, dass Sie solche Bemerkungen nicht annähernd so sehr stören, wie sie es bei jemand anderem der Fall wäre.

Bevor ich weiter vorpresche, lassen Sie mich definieren, was ein witziger Konter ist.

Witz ist im Wesentlichen spontane Kreativität. Man nimmt ein Thema oder eine Aussage und betrachtet sie aus einem anderen Blickwinkel auf eine Art und Weise, die nachvollziehbar und doch neu ist. Deshalb habe ich den oben erwähnten Witz über das Polo-Sport-Shirt irgendwie genossen, auch wenn er auf meine Kosten ging.

Witzige Konter können verletzend, ernst oder ganz leicht und harmlos sein. Es kommt ganz auf Sie an. Sie können scherzen und herumalbern oder ein scharfes Schwert schwingen. Sie können auch beides tun. Wenn man gemobbt wird, wie ich es oft war, kann ein witziger Konter sowohl lustig sein, als auch den anderen signalisieren, dass sie sich zurückhalten sollen.

Das Tückische an Witzen ist, dass etwas, das für Sie lustig und völlig harmlos sein mag, für jemand anderen destruktiv oder verletzend sein kann. Man muss wissen, wo sich diese feine Linie befindet, und man muss wissen, wie man sie überqueren kann. Oft kommt es auf die Art und Weise an, wie Sie mit einer Erwiderung reagieren und welche Worte Sie dafür wählen. Die gleiche Sache, die mit einem ernsten oder lächelnden Gesichtsausdruck gesagt wird, wird anders wahrgenommen werden. Ebenso sind einige Worte prädestinierter als andere, Spannungen zu entfachen. Es kommt auf die Art und Weise an, wie Sie etwas sagen, und wenn Sie das beherrschen, ist die Wahrscheinlichkeit, dass Sie missverstanden werden, geringer.

Es gibt ein paar Tricks, die Sie anwenden können, damit Sie immer einen witzigen Konter auf Lager haben und sofort loslegen können - statt zwanzig Minuten nach der Begegnung.

Erstens: Wenn Sie über einen witzigen Konter nachdenken, denken Sie nicht pauschal.

Verwenden Sie nicht: „Mir ist schon klar, dass es auf Sie zutrifft, aber auf mich?" oder „Das ist Ihre Mutter auch." Menschen beurteilen eine witzige Erwiderung danach, wie originell sie ist - denken Sie daran, dass es sich um spontane Kreativität handelt. Etwas zu verwenden, das sowohl generisch als auch nicht clever ist, ist definitiv weder spontan noch kreativ. Verwenden Sie nicht einfach eine schablonenhafte witzige Erwiderung, die Sie in einem Film gesehen haben oder etwas, das in einem anderen Kontext besser funktioniert. Und verwenden Sie nicht eines der Konter, die Sie mit zehn Jahren für urkomisch hielten. Die funktionieren nicht mehr.

Zweitens: Tun Sie nicht so, als könnten Sie keinen Witz vertragen.

Natürlich brauchen witzige Konter eine Anfangsaussage, auf die man „zurückkommen" kann.

In der überwiegenden Mehrheit der Fälle scherzen die Leute tatsächlich, wenn sie in Ihrer Gegenwart etwas Negatives über Sie sagen. In gewisser Weise ist es ein Kompliment, denn sie gehen davon aus, dass Sie einen ausreichenden Sinn für Humor und die emotionale Belastbarkeit haben, damit umzugehen. Die Leute, die sich *nicht* auf Witze und gutmütige Sticheleien einlassen, haben nicht viele Freunde.

Wenn Sie sich anmerken lassen, dass Sie wütend oder verletzt sind, verdirbt das den spielerischen Ton, den Sie sonst mit Ihrem witzigen Konter verstärken könnten. Konzentrieren Sie sich auf die Absicht der Person, die die Bemerkung gemacht hat; sie wollte Sie wahrscheinlich nicht verletzen, auch wenn sie das versehentlich getan hat.

Wenn zum Beispiel jemand einen Witz über

mein Dicksein macht und ich sichtlich wütend werde, würde er wahrscheinlich aufhören... und dann tagelang auf Eierschalen um mich herumlaufen. Wenn sich jemand mit etwas unwohl fühlt, fühlen sich auch andere unwohl. Wenn das oft genug passiert, wird klar, dass ich keinen Sinn für Humor habe und sich meine Unsicherheit auf meine Beziehungen ausweitet. Wissen, wo man die Grenze ziehen muss.

Es ist in Ordnung, manchmal die Zielscheibe von Witzen zu sein, aber wenn wiederholte Bemerkungen über eine Unsicherheit Sie wirklich stören, verwenden Sie keine witzigen Konter, um Ihr Selbstwertgefühl zu untergraben. Auch wenn es die Spannung zerstreuen könnte, werden Sie sich dadurch wie ein Fußabtreter fühlen. An dieser Stelle kommt die Diskussion über Grenzen ins Spiel, und Geplänkel ist nicht mehr angebracht. Aber das ist ein Thema für ein anderes Buch.

Generell gilt: Behandeln Sie die erste negative Aussage mit einem verschmitzten Lächeln und dem Wissen, dass Sie sie gleich zunichtemachen werden.

Drittens: Verwenden Sie den richtigen Ton.

Die besten witzigen Konter werden mit 50 Prozent Gleichgültigkeit geliefert. Wenn Sie eine mit 100 Prozent Aufregung und 0 Prozent Gleichgültigkeit liefern, raten Sie mal, was passiert? Sie vermasseln es und der Konter fällt flach. Gleichgültigkeit ist der richtige Ton, denn bei Comebacks geht es um Ihre Einstellung - stellen Sie sich vor, Sie wären James Bond, der nach einem fehlgeschlagenen Mordversuch eines Bösewichts einen witzigen Konter liefert. Fünfzig Prozent Gleichgültigkeit stellt auch sicher, dass Sie nicht aggressiv oder gehässig sind. Nur zu leicht schleicht sich ein bisschen Bitterkeit und Negativität in Ihren Tonfall ein.

Ein witziger Konter ist das verbale Äquivalent von Judo oder Aikido- die Worte des Gegners gegen ihn verwenden. Wenn Sie diese Analogie nehmen, brauchen Sie ein gewisses Maß an Coolness, um Ihren Rivalen effektiv zu kontern. Witzige Comebacks nehmen der geschleuderten Beleidigung die Kraft. Wenn Sie jedoch etwas zu aufgeregt oder in einem falschen Ton sagen, verraten Sie, dass Sie von der Bemerkung betroffen waren, was es schwieriger macht, cool oder gleichgültig zu erscheinen.

Es gibt drei Haupttypen von witzigen Kontern. Keine ist besser als die andere. Sie müssen nur die Art auswählen, mit der Sie sich am wohlsten fühlen.

Typ 1: Nehmen Sie ihre Worte auseinander.

Denken Sie über die Wortwahl der anderen Person nach und analysieren Sie schnell, ob es einen anderen Blickwinkel oder eine andere Bedeutung zu diesen Worten gibt. Ein einfacher Ansatz ist, ihre Worte als übermäßig wörtlich oder abwegig zu interpretieren. Der Schlüssel ist, sie so zu interpretieren, dass sie für Sie vorteilhaft sind, damit es so aussieht, als ob sie Ihnen ein Kompliment gemacht hat, anstatt Sie herunterzumachen.

Bob: *Sie arbeiten so langsam wie ein Gletscher. Werden Sie schneller!*

Sie: (konzentriert sich auf das Wort Gletscher) *Sie meinen, ich bin stark und cool unter Druck? Wahr.*

Ihre Arbeit wird erheblich erleichtert, wenn jemand ein Gleichnis verwendet, wie Bob es getan hat, aber in Ermangelung eines solchen können Sie sich auf die Sache konzentrieren, wegen der er Sie niedermacht. Um das gleiche Beispiel zu nehmen, nehmen wir an, Bob sagte: „Sie arbeiten zu langsam. Machen Sie schneller!"

Eine Möglichkeit, wie Sie darauf reagieren können, ist, an die Vorteile des langsamen Arbeitens zu denken, was zu einer Erwiderung wie „Die Schildkröte gewinnt immer das Rennen!" führt. Damit bezeichnen Sie sich nicht nur auf spielerische Weise als Schildkröte, sondern versichern Bob, dass Ihr Arbeitstempo Vorteile hat, die er schätzen würde.

Typ #2: Zustimmen und verstärken.

Orientieren Sie sich bei dieser Taktik an der Art und Weise, wie die Zeichentrickfigur SpongeBob Schwammkopf mit den spöttischen Worten von Mr. Krabs umging:

„Mit diesem Hut siehst du aus wie ein Mädchen." Anstatt sich verletzt zu fühlen und den Hut abzugeben, wie Mr. Krabs es gerne hätte, klimperte SpongeBob mit den Wimpern und sagte mit süßer Stimme: „Bin ich ein hübsches Mädchen?"

Der Gedanke dahinter ist, der Beleidigung zuzustimmen und sie dann auf absurde Weise zu verstärken. Sie verstärken die ursprüngliche Empfindung in einem Maße, das lächerlich ist. Das war meine bevorzugte Technik, um Witze über mein Gewicht abzuwehren.

Falls Sie es von früher in diesem Kapitel vergessen haben:

Wussten Sie auch, dass mein Polo-Sport-Shirt als Fallschirm verwendet werden kann?

Montieren Sie lieber sechs zusätzliche Räder für mich an Ihr Auto!

Ein weiteres Beispiel:

Bob: *Ihre Kochkünste waren letztes Mal ziemlich schrecklich.*

Sie: *Sie haben Glück, dass Sie nicht bis zum Ende des Abends geblieben sind, wir haben uns alle den Magen verdorben. Essen wir heute Abend bei mir zu Hause?*

Typ #3: Verwenden Sie einen haarsträubenden Vergleich.

Eigentlich ist dies mit dem vorherigen Punkt verwandt, bringt das Gespräch in eine andere Sphäre und bringt beide Gesprächspartner zum Lachen über die seltsamen, ausgefallenen Bilder. Das funktioniert deshalb, weil der Vergleich, obwohl er extrem ist, immer noch einigermaßen realistisch ist. Um den gleichen Rahmen zu verwenden, verstärken Sie hier (für sich selbst oder die andere Person) mit einer Analogie.

Bob: *Ihre Kochkünste waren letztes Mal ziemlich schrecklich.*

Du: *Stimmt, ich hätte die Eier als Hockey-Pucks benutzen sollen, oder?*

Witzige Konter sind das Lebenselixier des witzigen Geplänkels, d. h. die Fähigkeit, ein Element des Gesagten zu nehmen und es aus einem anderen Blickwinkel aufzugreifen, ohne etwas wegzulassen. Sie sollten in der Lage sein, zu sehen, wie das ablaufen kann. Es sind sofortige Erwiderungen, die nicht feindselig oder kämpferisch sind, während sie etwas anmutig ansprechen. Und das ist eine Fähigkeit, die Sie in vielerlei Hinsicht nutzen können, wie Sie im nächsten Abschnitt lesen werden.

Ein Wort der Warnung: Widerstehen Sie der Versuchung, Ihre Konter nacheinander herunterzurasseln. Auch hier müssen Sie daran denken, dass Ihr Ziel ist, dass die Leute Sie mögen. Sie versuchen nicht, einen Punkt zu beweisen oder Ihren Stolz zu schützen.

Sie versuchen nur zu verhindern, dass Ihre Konversation auf unangenehme Punkte stößt und ein vorzeitiges Ende nimmt. Wenn Sie ein Konter nach dem anderen abfeuern, kann das den Komfort zerstören, den Sie aufgebaut haben, weil Sie unsicher, defensiv und übermütig wirken.

Initiieren Sie eine Scherzkette

Ist Ihnen schon einmal aufgefallen, dass manche Menschen anscheinend mit jedem, den sie treffen, lustige Scherze machen?

Das ist kein Zufall. Sie tun genau einige der Dinge in diesem Kapitel, um dieses Gefühl zu erzeugen, wann immer sie wollen. Es ist einfacher, als Sie denken, aber auch hier werden Sie, wie bei den meisten der Taktiken hier, mentale Muskeln einsetzen, die Sie vorher nicht oft trainiert haben.

Es wird eine flache Lernkurve geben, und Sie sollten nicht erwarten, dass Sie es die ersten paar Male perfekt machen. Wenn Sie es jedoch besser verstehen, werden Sie die Möglichkeiten erkennen, die Sie bisher verpasst haben, um auf bestimmte Weise mit Menschen zu interagieren. Und je öfter Sie diese Taktik anwenden, desto besser werden Sie darin werden. Ihre ersten Versuche werden wahrscheinlich scheitern, was peinlich sein kann, aber es lohnt sich, es weiter zu versuchen, damit Sie sich beim nächsten Mal verbessern können.

Eine der einfachsten Möglichkeiten, Humor

in jede Art von Konversation einzubringen, ist, wenn Sie eine Scherzkette anstiften und erstellen. Eine Scherzkette bezieht beide Parteien ein und ermöglicht einen spielerischen Austausch, der sich kooperativ anfühlt.

Was ist eine Scherzkette? Nun, es klingt in etwa so... und versuchen Sie, das Muster zu finden, das Sie gerade im vorherigen Abschnitt dieses Kapitels verwendet haben.

A: „Das ist ein toller Hosenanzug, den du da anhast."

B: „Danke, ich hatte Schwierigkeiten, einen Rock zu finden, der über meine kräftigen Oberschenkel passt."

A: „Du machst jetzt Kniebeugen mit etwa 250 Pfund Gewicht, oder?"

B: „Fast 350 Pfund. Die Hunde haben schon Angst vor mir, wenn ich vorbeigehe."

a: „Man könnte sie als Leinwand für ein Autokino verwenden."

B: „Das habe ich letzte Woche gemacht. Das

Double Feature hat diesen Monat meine Miete bezahlt. Wusstest du, dass der Entwurf für die beiden Wolkenkratzer in der Innenstadt von meinen Beinen inspiriert wurde?"

Das ist eine Scherzkette. Sie können sehen, wie das Gespräch verlief und wie beide Parteien sich gegenseitig ausspielten. Es war eine gemeinschaftliche Sache und klang wie etwas, das man in einer Fernsehsendung finden könnte. Tatsächlich ist es das, woran die meisten von uns denken, wenn wir an witziges Geplänkel denken: Wir lassen uns treiben und schaffen eine Gesprächschemie.

Aber, was genau ist da gerade passiert und wie können Sie es replizieren? Lassen Sie uns einen Schritt zurückgehen.

Eine Scherzkette zeichnet sich dadurch aus, dass sie nicht durch das, was Sie selbst sagen, lustig ist, sondern dadurch, wie Sie die andere Person ausspielen. Wenn die andere Person das mitbekommt, dann wird es umso lustiger, je weiter man in der Sequenz kommt. Die Situation wird immer absurder, aber genau das ist der lustige Teil.

Es wird schnell für alle Zuhörer deutlich, dass etwas Lustiges passiert, und sie werden zu dem gemeinsamen Erlebnis beitragen wollen. Ein Scherz wurde initiiert, und beide Personen **blieben** so lange wie möglich **in dem Scherz**. Denken Sie daran, dass es genauso wichtig ist, zu wissen, wie man eine Scherzkette anstößt, dass man sie auch beenden und zu einem angemessenen Zeitpunkt weitermachen muss, bevor die Kette sich übertrieben anfühlt und das Gespräch wieder schal wird.

Wenn Sie etwas sagen und eine andere Person etwas auf das Gesagte aufbaut, schmieden Sie eine sofortige Verbindung. Das schafft ein sofortiges Wohlgefühl bei allen Beteiligten. Es ist, als würde jemand eine Flasche herumreichen und eine Geschichte erzählen. Es fühlt sich für alle gut an, weil sie das Gefühl haben, dass sie Teil von etwas sind, und das kann zu sehr lustigen Situationen führen.

Wenn Sie schon einmal in einem Comedy-Impro-Club waren, kommt Ihnen die Scherzkette vielleicht bekannt vor. Es handelt sich im Wesentlichen um

Improvisationskomik, bei der Sie mit der anderen Person zusammenarbeiten, um eine Szene, oder in diesem Fall ein Gespräch, aufzubauen. Improvisationskomödie und Konversation haben eigentlich das gleiche Ziel (zu spielen und zu unterhalten), daher ist es keine Überraschung, dass die gleichen Techniken für beide funktionieren.

Wenn man es richtig macht, wird diese Kette von Aussagen immer seltsamer, lustiger und unerhörter. Jeder Beteiligte übernimmt die Verantwortung dafür und alle gehen mit dem Gefühl nach Hause, dass man gemeinsam zu etwas beigetragen hat. Zumindest haben Sie einen soliden Insider-Witz, auf dem Sie für weitere Interaktionen aufbauen können.

Eine Scherzkette hat ein paar Hauptelemente und ein paar Regeln. Sobald Sie die Mechanik erlernt haben, können Sie loslegen und sehen, wie Sie es lieber angehen möchten.

Erstens müssen Sie etwas in irgendeiner Weise falsch verstehen, um in die Scherzkette zu gelangen.

Das war Aussage B (*Danke, ich hatte Probleme, einen Rock zu finden, der über meine kräftigen Oberschenkel passt.*). Es spielt keine Rolle, wie Sie es missverstehen, Sie bewegen sich nur vom Thema weg. Sie können auch aus dem Nichts eine Vermutung über die andere Person anstellen, etwas über ihre Eigenschaften übertreiben oder sogar einen Gedankensprung machen. Alternativ, wie in diesem Fall, können Sie sich selbst zum Gegenstand von Neckereien machen. Wichtig ist, dass es sich um eine nicht ernst gemeinte Aussage handelt, von der die andere Person weiß, dass es sich um einen Scherz handelt.

Sie haben einen Witz initiiert (nicht *gemacht*), und es ist eine Einladung für Ihren Gesprächspartner, sich dem Geplänkel über diesen Witz anzuschließen. Denken Sie daran, dass Sie immer die Wahl haben, wie Sie antworten und andere einbeziehen wollen.

Zweitens müssen Sie sehen, ob die andere Person Ihren Ball annehmen wird. Wenn Sie eine nicht ernst gemeinte Aussage machen, wird sie entweder einen Kommentar dazu abgeben, oder sie wird zum eigentlichen Thema zurückkehren. Wenn sie mitspielt, sieht es aus wie Aussage C (*Du hast jetzt ungefähr 250 Pfund, richtig?*). Wenn nicht, kehrt sie zu Aussage A zurück (*Das ist ein toller Hosenanzug, den Sie da anhaben.*).

Drittens: Wenn sie mit Ihnen mitspielt, herzlichen Glückwunsch! Sie befinden sich in einer Scherzkette: Sie erkennt, was Sie tun, sie spielt mit, und nun müssen Sie herausfinden, wie Sie selbst mitspielen können.

Wie machen Sie das also? Sie bauen auf der direkten Antwort auf, die sie Ihnen gibt. Sie stimmen mit ihr überein, und Sie tragen dazu bei, indem Sie *das Gefühl übertreiben und verstärken*. Das ist es, was Aussage D (*Näher an 350 Pfund. Hunde haben Angst vor mir...*) mit Aussage C (*Du hast jetzt etwa 250 Pfund, richtig?*) macht, und so weiter. Sie nimmt die Hauptaussage „große Oberschenkel" und macht sie jedes Mal größer, indem sie auf kreative Weise damit spielt.

Der einfachste Weg, die Kette fortzusetzen,

ist, zuzustimmen und zu verstärken, was bereits gesagt wurde. Sie nehmen das, was sie sagen, als wahr an, stimmen zu und nehmen dann an, dass das hyperbolische Gefühl wahr ist. Wenn jemand große Oberschenkel hat, dann hat er für Sie Oberschenkel, die das Vorbild für Wolkenkratzer waren.

Wenn Ihr Gesprächspartner immer noch bei Ihnen ist, wird er etwas Ähnliches tun und *im Witz bleiben* - das ist hier der Schlüssel. Sie bleiben in dem Witz, den Sie initiiert haben, und fordern ihn auf, das Gleiche zu tun.

Sie können das bis zum Gehtnichtmehr fortsetzen, bis jemand abbricht, aber zu diesem Zeitpunkt haben Sie wahrscheinlich eine Stunde lang eine Beziehung aufgebaut.

Die Scherzkette kann lustig sein, aber es kommt darauf an, wie sie begonnen hat und wie sie abläuft. Jeder Beteiligte trifft die Entscheidung, entweder „Haha, ja" zu sagen oder sich tatsächlich an der Kette zu beteiligen.

Hier ist ein weiteres Beispiel für eine

Scherzkette:

Normale Aussage: *„Hey, mir gefällt die Farbe dieser Katze."*

Falsch verstandene Aussage, um in die Scherzkette einzusteigen: *„Du findest die Katze also ziemlich sexy, was?"*

Den Ball annehmen: *„Ja, ich will sie nach einem Date fragen. Denkst du, ich habe eine Chance?"*

Den Ball zurückgeben, indem Sie zustimmen und verstärken: *„Auf jeden Fall. Wohin willst du sie ausführen? Soll es eher schick sein?"*

Mehr Geplänkel: *„Italienisch. Etwas Wein, etwas Käse, vielleicht ein Lokal mit Meeresfrüchten. Mal sehen, wohin uns die Nacht führt. Katzen sind ja schließlich nachtaktiv."*

Das Tolle an der Scherzkette ist, dass Sie sich übereinander lustig machen und ein bisschen von Ihrem Witz und Ihrer Intelligenz zeigen können. Es ist ein vollendetes Spiel. Es geht nicht nur darum, das zu übertreiben, was die vorherige Person gesagt hat, denn das kann jeder tun. Was Sie zu einem guten Teilnehmer an einer Scherzkette macht, ist, wenn Sie eine Aussage machen, die nicht nur vernünftig, sondern auch lustig ist, weil sie kreativ ist und Bezüge herstellt.

Ein weiteres Beispiel: Angenommen, Sie haben einem Freund ein Kuchenteilchen gebacken, das für seinen Geschmack zu süß war. Eine Scherzkette in dieser Situation könnte etwa so aussehen:

„Wie sind die Muffins?"

„Sie sind sehr gut. Ein Biss reicht, um Ameisen in meinem Blutkreislauf zu züchten."

„Oh toll! Wenigstens hast du jetzt, wenn die Leute dich darauf hinweisen, dass du ständig kribbelig bist, echte Ameisen vorzuweisen."

„Ja, das ist der Grund, warum ich überhaupt dein Gebäck esse. Und ich mache mir keine allzu großen Sorgen; sie machen heutzutage gute Fortschritte in der Forschung zur

Behandlung von Diabetes."

„Eigentlich wurden diese Muffins von den Forschern extra für die Massenproduktion bestellt, damit sie mehr Probanden gewinnen konnten. Apropos Kochen für einen guten Zweck."

Es entsteht nicht nur eine lustige Interaktion, sondern Sie erlauben sich gegenseitig, Ihre Deckung fallen zu lassen. Es entsteht ein unbeschwerter Moment. Es entsteht auch eine Bindung, weil Sie gemeinsam dazu beitragen.

So verblüffend dieser Humoransatz auch sein kann, Sie müssen im Vorfeld ein wenig üben, um sicherzugehen, dass Sie es richtig machen. Üben Sie, Aussagen zu übertreiben, die Leute zu Ihnen sagen. Wie können Sie es in Bezug auf Absurdität und Skurrilität steigern? Welche extremen Folgen haben die Aussagen der Personen? Auf wie viele Arten können Sie sagen, dass die Oberschenkel von jemandem riesig sind, ohne ihn tatsächlich zu beleidigen?

Wenn jemand eine Aussage macht, was ist die dumme, hyperbolische Konsequenz, wenn man diese Aussage über ihren logischen Schluss hinaus spinnt?

Es ist auch hilfreich zu erkennen, dass Sie sich die meiste Zeit über sich selbst lustig machen und Negatives über sich selbst auf lächerliche Art und Weise übertreiben werden. Sie müssen Ihr Ego loslassen. Vielleicht werden Sie von Dingen, die andere sagen, beleidigt, aber denken Sie daran, dass Scherze unbeschwert und lustig sein sollen. Erlauben Sie sich, die Zielscheibe zu sein und Negatives über sich selbst zu übertreiben. Wenn Sie sich dadurch besser fühlen, werden Sie sich selbst auf absurde Weise beleidigen, die unmöglich wahr sein kann oder *zu* nahe an der Wahrheit liegt.

Mit der richtigen Übung und der richtigen Herangehensweise kann eine Scherzkette dafür sorgen, dass ein Gespräch lange andauert, einfach durch Zustimmung und Verstärkung.

Über das Wörtliche hinausgehen

Wenn dieses Kapitel bisher eine Lektion enthält, dann die, nicht jede Aussage, Frage oder Witzelei für bare Münze zu nehmen. Hören Sie auf, alles wörtlich zu nehmen, und Sie werden sich viel öfter in interessanten Gesprächen wiederfinden. Das bedeutet, dass Sie in der Lage sein sollten, mehrere Bedeutungen hinter einer einfachen Aussage oder Frage zu finden, aber das erfordert, dass Sie mit einer völlig anderen Denkweise in ein Gespräch gehen.

Es ist eine Geisteshaltung des Spielens, des Erforschens und des Initiierens von Witzen und Humor. Die meisten Gespräche, in denen Sie sich täglich wiederfinden, sind lediglich ein Austausch von Informationen - es handelt sich um Gespräche, die meist langweilig sind und keine gute Beziehung aufbauen.

Ich weiß, dass das vielleicht immer noch abstrakt wirkt, aber so sieht es aus, wenn jemand im wörtlichen Modus feststeckt und nicht über den Nennwert einer Aussage oder Frage hinausschauen kann. Beachten Sie, dass dies vier verschiedene Beispiele sind und die fettgedruckten Aussagen dem wörtlichen Weg folgen.

„Also habe ich heute ein Vermögen im

Apple Store ausgegeben."

„Wie viel?"

„Er spielt Gitarre wie eine Gottheit."

„Welches Lied hat er gespielt?"

„Das Essen von gestern Abend hat meine Geschmacksknospen zum Weinen gebracht."

„Wo haben Sie gegessen?"

„Ich habe die Rede sehr genossen."

„Ich auch, es war so informativ."

Dies mögen wie natürliche Folgefragen erscheinen, und das sind sie auch, aber es gibt mehrere Möglichkeiten, diese Bemerkungen zu beantworten. Die obigen Kommentare sind zufällig solche, die sehr wörtlich sind und das Thema für bare Münze nehmen. Das wiederum wird Sie in langweiligem Smalltalk stranden lassen.

Wenn jemand eine solche Aussage macht, ist das eine subtile Einladung, sich auf etwas Interessantes einzulassen, und es ist auch ein Zeichen dafür, dass er nicht unbedingt über das eigentliche Thema sprechen möchte. Er will über die Emotionen sprechen, die damit verbunden sind, und er ist offen dafür, sich auf einen Scherz darüber einzulassen. Sobald Sie diese Emotion identifiziert haben, machen Sie eine Bemerkung, die sie entweder in einem absurden Ausmaß missversteht, oder verwenden Sie eine Geschichte, die Sie einbezieht und diese Emotion übertreibt. Derjenige hat einen Witz mit Ihnen begonnen, und unabhängig davon, ob Sie eine wörtliche Haltung dazu einnehmen oder nicht, haben Sie die Möglichkeit, den Witz fortzusetzen.

Wenn Sie wortkarg bleiben, verpassen Sie den ganzen Tag Gelegenheiten für Scherze. Menschen initiieren unbewusst Witze mit Ihnen, und Sie können auf die gleiche Weise Witze mit anderen initiieren. Mit etwas Übung werden Sie besser darin, nicht nur gute Gelegenheiten für Scherze zu erkennen, sondern auch welche aus scheinbar gewöhnlichen Aussagen zu machen.

Wie könnten wir auf diese Aussagen auf eine Art und Weise antworten, die in einen Witz oder humorvollen Kontext tritt? Alles, was Sie tun, ist, der anderen Person zu folgen und mit dem Strom zu schwimmen.

„Also habe ich heute ein Vermögen im Apple Store ausgegeben."

„Dort ist es so teuer, dass ich eine Niere verkaufen musste, um mein neues Telefon zu kaufen."

„Er spielt Gitarre wie eine Gottheit."

„Eher im Buddha-Stil, oder würdest du sagen im Ganesha-Stil?"

„Das Essen von gestern Abend hat meine Geschmacksknospen zum Weinen gebracht."

„Wenigstens musstest du nicht dein eigenes Essen essen. Den Fehler habe ich auch mal gemacht."

„Die Rede hat mir sehr gut gefallen." (Angenommen, das Thema der Rede war Pferdezucht.)

„Ich auch, scheint so, als ob das Geld in Pferden steckt, nicht wahr? Wie würden wir unser Pferd nennen?"

Was haben wir also getan, damit diese Antworten fließen und ein Einstieg in witziges Geplänkel werden? Wir haben einfach Antworten gegeben, die nicht wortwörtlich waren und die zu 100 Prozent im Ton und Fluss der gemachten Aussagen blieben.

Unsere Kommentare waren nicht erzwungen und wirkten nicht so, als würden wir direkt einen Witz machen, und das ist hier ein kleiner, aber wichtiger Unterschied. Wir haben eine Einladung zu einem Witz angenommen und ihn initiiert, anstatt tatsächlich einen Witz zu machen.

Witze haben eine strenge Struktur - Aufbau, Kontext, Pointe und Lachen. Es ist normalerweise ziemlich offensichtlich, wenn jemand einen Witz erzählt, sogar in einer normalen Unterhaltung. Das bedeutet, dass es normalerweise einen bestimmten Zeitpunkt gibt, an dem Sie lachen müssen - was schwierig ist, wenn der Witz nicht lustig ist. Wenn Sie jemanden zu einem Witz einladen, gibt es dieses Problem nicht.

Alles, was Sie tun müssen, ist zu üben, über den Tellerrand zu schauen. Eine Schlüsselfertigkeit, die dem zugrunde liegt, ist die Kunst des Missverständnisses.

Die Kunst des Missverstehens

Einige der lustigsten Situationen, die ich sowohl in Filmen als auch im wirklichen Leben gesehen habe, sind aus einfachen Missverständnissen entstanden.

Bob hat missverstanden, was ein Proktologe macht und vier Termine vereinbart, oder Jenny hat missverstanden, dass der generische Name für ein Schmerzmittel ein Analgetikum ist und nicht so ausgesprochen und verabreicht wird, wie sie dachte. Welches davon war aus dem echten Leben und welches aus einem Film? Nun, beides war aus dem wirklichen Leben.

Das sind Momente von eingefangenen Geistesblitzen. Wäre es nicht großartig, diese Momente zu schaffen, wenn Sie wollen? Sie können die Führung übernehmen, anstatt darauf zu warten, dass sich eine Gelegenheit ergibt, und sich im Wesentlichen auf das Glück zu verlassen.

Missverständnisse und Fehlinterpretationen sind großartige Quellen für Humor, weil man mit zwei Erwartungshaltungen spielt und in der Grauzone dazwischen operiert. Im Allgemeinen ist die Sache, die missverstanden wird, ziemlich banal, und die andere Person erwartet wahrscheinlich eine trockene Antwort auf ihre Aussage. Stattdessen wird ihr etwas angeboten, was sie nicht bedacht hat, was ihre Neugierde weckt und sie Ihren Witz schätzen lässt.

Manchmal muss man diese Missverständnisse absichtlich selbst herbeiführen, und das ist die Kunst des Missverstehens: Menschen absichtlich missverstehen, um eine komische Situation herbeizuführen.

Mit anderen Worten, sich dumm oder verwirrt stellen und absichtlich eine ganz andere Bedeutung von dem annehmen, was jemand gesagt hat. Das ist eine der einfachsten und schnellsten Möglichkeiten, das Gespräch auf eine spielerische Ebene zu bringen und die Form des Smalltalks zu bereichern.

Betrachten Sie es als einen Übergang von einem langweiligen Thema zu einer ansprechenderen Unterhaltung. Welche Perspektive Sie auch immer einnehmen, es ist einfach eine Verschiebung hin zu mehr Spaß für beide Parteien.

Die Taktik des Missverstehens erfordert, dass Sie für den Bruchteil einer Sekunde ernst bleiben, während Sie es tun. Seltsamerweise und kontraintuitiv erfordert dies, dass die Leute für einen Sekundenbruchteil glauben, dass Sie wirklich meinen, was Sie sagen. Andernfalls übermitteln Sie gemischte Botschaften und Ihre Worte stimmen nicht mit dem Rest Ihrer nonverbalen oder verbalen Darstellung überein.

Nachdem dieser Sekundenbruchteil verstrichen ist, wird durch Ihre Worte und Ihren Vortrag deutlich, dass Sie einen Scherz machen. Ein breites, verschmitztes Lächeln ist das beste Zeichen für Scherze.

Hier ein vereinfachtes Beispiel für Missverständnisse: Wenn jemand sagt: „Ich mag Katzen", könnten Sie mit: „Gebraten?" antworten. Verbinden Sie Ihre Worte mit einem schockierten Gesichtsausdruck und weit aufgerissenen Augen. Das ist der Charakter, den Sie zu vermitteln versuchen.

Sie haben die andere Person missverstanden, weil Sie den Kontext oder die Absicht nicht erkannt haben. Stellen Sie sich vor, wie ein Ausländer diese Worte aufgrund eines schwachen Verständnisses der Sprache interpretieren könnte. Wie geht das Gespräch dann weiter?

Sie werden sich wahrscheinlich dem Geplänkel mit Ihnen anschließen und zustimmen, wie z. B. „Ja, aber nur streunende Katzen. Die domestizierten sind zu fett."

Hier ist ein weiteres Beispiel dafür, wie einer meiner Freunde absichtliches Missverstehen in einem Gespräch einsetzte. Einmal, während eines Campingausflugs, wunderte ich mich über ein merkwürdiges Insekt, das auf meinem Bein gelandet war, und rief aus: „Was ist das? So etwas habe ich noch nie gesehen." Mein Freund lehnte sich näher heran, um zu untersuchen, was ich da hatte, und erklärte dann: „Ja, das ist ein Bein." Meine anderen Freunde, die das Szenario miterlebten, begannen daraufhin ebenfalls, ihre Hände, Arme und Füße zu untersuchen, während sie erstaunt sagten: „Ooh, was ist das? So etwas habe ich noch nie gesehen, du etwa?"

Meine Freunde missverstanden meine Faszination für das einzigartige Insekt absichtlich und reagierten, als hätte ich mein plötzliches Erstaunen über den Hintergrund meines wahren Themas, nämlich ein langweiliges, normales Bein, erklärt.

Missverständnisse sind eine der häufigsten Möglichkeiten, eine humorvolle Situation zu schaffen. Sie sind die Grundlage vieler Witze, weil es einfach ist, eine Situation zu nehmen und sie in die gewünschte Richtung zu lenken. Dies erlaubt es Ihnen, in den meisten sozialen Situationen einen Witz zu initiieren.

Es hilft Ihnen auch, aus typischen,

langweiligen Themen auszubrechen. Indem Sie sich einfach dafür entscheiden, falsch zu interpretieren, können Sie zu jedem Zeitpunkt jede beliebige Perspektive in ein Gespräch einbringen.

Diese Technik ist befreiend und ermächtigend! Sie wird nicht langweilig und kann generischen oder langweiligen Gesprächen Leben einhauchen.

Welche Möglichkeiten gibt es, sich auf lustige Art und Weise falsch zu verhalten?

Übertriebenes Fazit

Das ist der Punkt, an dem Sie das, was jemand sagt, falsch interpretieren und zu einem extremen Schluss kommen.

Sie übertreiben das, was sie sagen, in einem exponentiellen Ausmaß. Wenn jemand tatsächlich X gesagt hat, würden Sie so tun, als hätte er X multipliziert mit hundert gesagt und entsprechend reagieren.

Wenn jemand zum Beispiel sagt: „Ich liebe meinen Fernseher", könnten Sie antworten: „Wissen Ihre Eltern denn von Ihrer

Beziehung?"

Anstatt zu sagen „Ich stimme zu" oder mit einer Aussage in der gleichen Art und Weise oder in der gleichen Intensität wie die ursprüngliche Aussage zu kommen, nehmen Sie die ursprüngliche Aussage, blasen sie auf und stellen sie in einen anderen Kontext.

Wenn jemand sagt, dass ein Politiker einen guten Punkt hat, wäre eine wirklich lustige Übertreibung: „Ja, er ist der Inbegriff der politischen Entwicklung dieses Landes, wir sollten ihn züchten." Beachten Sie, dass die Art und Weise, wie diese Aussage vorgetragen wird, einen großen Unterschied in der Art und Weise macht, wie sie aufgenommen wird. Selbst ein minimal spöttischer Tonfall lässt diesen Satz wie eine übermäßig extreme Reaktion erscheinen. Aber ein spielerisches Auftreten wird Ihnen eine viel positivere Reaktion einbringen. Auch wenn es verlockend sein mag, sich von Witzen über kontroverse Themen wie Politik fernzuhalten, sind es oft die, die die größte Wirkung haben.

Zusammenfassend lässt sich sagen, dass es

beim Missverstehen darum geht, eine Aussage von jemandem zu einer absurden und übertriebenen Form aufzublähen.

Hier sind einige weitere Beispiele:

Angenommen, jemand kommentiert: „Der Kaffee war schrecklich!" Sie könnten antworten: „Das stimmt, das Batteriewasser meines Autos ist schmackhafter."

Wenn jemand klagt: „Meine Handschrift ist schrecklich", können Sie sich über die Person lustig machen, indem Sie antworten: „Ja, Hieroglyphen zu entziffern wäre eine einfachere Aufgabe als zu versuchen, Ihre Schrift zu entziffern. "

Als Antwort auf den Satz „Ich rufe dich an, wenn ich zu Hause bin", können Sie sagen: „Ich wusste nicht, dass man vom Mars aus telefonieren kann, aber okay."

Was diese Form der Fehldeutung stark macht, ist die Absurdität Ihrer Übertreibung. Sie sollte so absurd sein, dass sie nicht mehr glaubhaft ist. Das ist es, wo der Humor herkommt. Viele Leute vermasseln diese Technik, wenn sie nicht genug übertreiben. Sie bleiben irgendwo zwischen der wirklich lustigen Übertreibungsform und der allgemeinen Aussage hängen.

Angenommen, jemand erklärt: „Ich bin so hungrig, dass ich mit Sicherheit viel von dieser Mahlzeit essen werde. „Wenn Sie darauf antworten: „Ja, den ganzen Kuchen kannst du bestimmt alleine aufessen, wenn du erst einmal dran bist. Keine Sorge, der Rest von uns kann etwas anderes zu essen finden", dann übertreiben Sie nicht genug, um Ihre Witzelei urkomisch zu machen. Was noch schlimmer ist: Wenn diese Person *tatsächlich* in der Lage ist, den Kuchen alleine zu essen, dann haben Sie eine peinliche Situation geschaffen, in der sich die andere Partei erst recht bewusst wird, wie viel sie tatsächlich isst.

Hier ist ein weiteres schlechtes Beispiel. Stellen Sie sich vor, jemand sagt: „Ich hatte in letzter Zeit keine Zeit, mir neue Kleidung zu kaufen. „Wenn Sie darauf antworten: „Oh, deshalb hast du dich in letzter Zeit so schäbig gekleidet", wird diese Person Ihre Kritik wahrscheinlich nicht als gutmütige Neckerei auffassen, selbst wenn das Ihre ursprüngliche Absicht war. Das Problem hier ist, dass Sie Ihre Antwort nicht so übertrieben haben, dass es offensichtlich ist, dass Sie beide lachen sollen. Es scheint, als würden Sie sich über diese Person lustig machen.

Anstatt einen Treffer zu landen, fallen die obigen Antworten flach und werden bestenfalls hochgezogene Augenbrauen und schlimmstenfalls beleidigte Gefühle hervorrufen. Wenn Sie diese Technik also anwenden wollen, sollten Sie sie wirklich aufblasen und wahnsinnig übertreiben. Auf diese Weise ist es für die andere Person offensichtlich, dass Sie sich einen Spaß machen und sie kann mitlachen.

Stellen Sie sich vor, Sie würden bei den oben genannten schlimmen Szenarien stattdessen mit „Ja, ich weiß, dass es in Wirklichkeit du warst, der das Lebkuchenhaus von Hänsel und Gretel aufgegessen hat" und „Oh, deshalb siehst du in letzter Zeit aus wie ein Obdachloser." antworten. Darüber kann man doch viel einfacher gemeinsam lachen, oder? Denken Sie dennoch daran, sich keine Dinge zum Übertreiben auszusuchen, die der anderen

Person wirklich am Herzen liegen könnten.

Spielend necken

Missverstehen Sie das, was eine Person sagt, als Selbstkritik. Gehen Sie davon aus, dass die Person eine selbstironische Aussage macht und stimmen Sie ihr zu.

Wenn jemand zum Beispiel sagt: „Ich liebe es, fernzusehen", könnten Sie sagen: „Ja, aber Sie wissen doch, dass das Fernsehen keine Freunde ersetzt, oder?"

Was haben wir hier getan? Wir nahmen an, dass er die Tatsache beklagte, dass er das Fernsehen liebt und niemanden hatte, mit dem er Zeit verbringen konnte, also war das Fernsehen seine einzige Wahl.

Missverstehen Sie dies als Selbstkritik und stimmen ihm nur zu.

Wenn jemand sagen würde: „Ich liebe dieses Hemd", würden Sie vielleicht antworten: „Keine Sorge, wir gehen ein Hemd kaufen, das *wirklich* gut aussieht." Sie nehmen das Urteil der Person und leiten es gegen sie um. Mit der richtigen Mimik wird diese Aussage nicht als Angriff rüberkommen. Stattdessen wird dies als netter Scherz landen.

Ein anderes Beispiel wäre, wenn jemand bemerkt: „Die Burger schmecken hier fantastisch. „Sie könnten antworten: „Es ist wohl logisch, dass Sie Ihre Geschmacksknospen ruiniert haben, weil Sie jahrelang nichts anderes als kaltes Müsli zum Frühstück gegessen haben."

Wenn schließlich jemand sagen würde: „Sie ist meine Lieblingssängerin", könnten Sie antworten: „Wir arbeiten an Ihrem Geschmack."

Achten Sie auch hier auf Ihren Gesichtsausdruck. Es ist ein schmaler Grat zwischen Scherzen und regelrechten Beleidigungen. Achten Sie darauf, dass alle anderen Signale, die Sie durch Ihre Körpersprache, Ihren Tonfall, Ihren Augenkontakt und Ihre Mimik aussenden, die Tatsache vermitteln, dass Sie nur scherzen wollen.

Es versteht sich von selbst, aber Sie müssen in der Nähe von empfindlichen Menschen vorsichtig sein. Manche Menschen, egal was Sie sagen, werden Ihre Worte offensiv auffassen und sind nicht in der Lage, eine spielerische Neckerei zu verstehen. Es ist wahrscheinlich am besten, diese Taktik nicht zu verwenden, bis Sie die Leute etwas besser kennen, und definitiv nicht bei etwas, von dem Sie denken, dass es sie verunsichern könnte.

Wenn Sie das Gefühl haben, dass Sie jemanden unbeabsichtigt beleidigt haben, können Sie Ihre spielerische Neckerei schnell mit einem Kompliment über dieselbe Sache, über die Sie sich lustig gemacht haben, fortsetzen. Um das Beispiel mit dem Hemd aufzugreifen: Wenn Sie sagen: „Wir gehen ein Hemd kaufen, das wirklich gut aussieht", und die andere Person scheint von Ihrer Bemerkung beleidigt zu sein, können Sie Ihren Fehler vertuschen, indem Sie sagen: „War nur ein Scherz. Ich brauche tatsächlich Hemden, die genauso gut aussehen. Hast du immer noch Lust auf diesen Shoppingtrip?" Sie haben nicht nur explizit darauf hingewiesen, dass Sie einen Scherz gemacht haben, sondern auch die Situation umgedreht, indem Sie einen Scherz auf Ihre eigenen Kosten gemacht haben.

Die andere Möglichkeit, die spielerische Neckerei zu verwenden, besteht darin, anzunehmen, dass man *Sie* beleidigt und sich negativ über Sie äußert. Dann reagieren Sie einfach darauf und tun so, als ob Sie sich verteidigen würden.

Nehmen wir die Beispiele oben: „Sie ist meine Lieblingssängerin" und „Ich liebe dieses Hemd". Falsch interpretiert, als ob man *Sie* necken würde, klingt das wie: „Ich weiß, meine Ohren funktionieren nicht, weil sie nicht meine Lieblingssängerin ist" und „Du sagst also, dass ich dieses Hemd nie ausziehen könnte?"

Wenn alles andere fehlschlägt, können Sie einfach so tun, als wären Sie von den Worten schockiert und eine große Sache daraus machen, obwohl die Person nichts weiter Bemerkenswertes gesagt hat. Wenn zum Beispiel jemand sagt: „Ich liebe es, fernzusehen", dann sagen Sie: „Ach du meine Güte, Fernsehen?!"

Ein anderes Beispiel ist, wenn jemand sagt: „Das Hemd ist schrecklich", sagen Sie:

„Schrecklich?! Sind Sie verrückt?! "

Die Quintessenz ist, dass das Missverstehen die Erwartungen der Leute unterläuft. Es unterbricht das Muster des Gesprächs und peppt es auf. Wenn Sie es richtig machen, rütteln Sie die Leute aus dem allgemeinen Gesprächsmuster heraus und betonen Ihren Sinn für Humor. Konzentrieren Sie sich auf Ihr Verhalten, Ihren Vortrag und Ihre Mimik, um die maximale Wirkung zu erzielen.

Und wie Sie sehen können, ist es ziemlich einfach, bei dieser Technik in Gesprächsthemen hinein- und wieder herauszuspringen.

Fazit

- In diesem Kapitel lernen Sie, wie Sie eine witzige Konter-Maschine werden. Wenn Sie zu der Sorte Mensch gehören, die zwanzig Minuten nach dem Ende eines Gesprächs über geistreiche Antworten nachdenkt, werden Ihnen die hier vorgestellten Techniken helfen, viel schneller darauf zu kommen. Es geht darum, nicht wörtlich, nicht konventionell und nicht linear zu denken und zu erkennen, dass ein Gespräch eher eine Gelegenheit zum Spielen als zur Informationsweitergabe ist.

- Wenn Sie von jemandem gehänselt werden, gibt es zwei Methoden, die Ihnen helfen, einen witzigen Konter zu finden. Entweder Sie nehmen die Sache, über die Sie gehänselt werden, und übertreiben sie bis zur Absurdität, oder Sie weisen auf einen lustigen, aber positiven Nebeneffekt der Sache hin, über die Sie gehänselt werden.

- Bei Kontern ist es wichtig, den richtigen Ton zu treffen und so zu tun, als könnten Sie einen Witz vertragen. Niemand mag einen schlechten Scherz, und Sie sollten durch Ihr Verhalten und Ihre Mimik zeigen, dass Sie scherzen. Lächeln Sie schief, nachdem Sie Ihre Antwort gesagt haben, und verwenden Sie einen Ton, der eher Gleichgültigkeit als Verärgerung vermittelt.

- Unsere nächsten paar Tricks beruhen auf der Kunst des

Missverständnisses. Die Scherzkette ist der erste von ihnen. Scherzketten sind eine Reihe von Wortwechseln, die darauf beruhen, dass Sie eine gewöhnliche Bemerkung falsch interpretiert haben, während die andere Person mitspielt. Sie legen eine absichtliche Fehlinterpretation vor, und wenn sie darauf anspringt, sind Sie jetzt in eine so genannte Scherzkette eingetreten und können sie weiter steigern.

- Eine weitere Technik, die auf Missverständnissen beruht, ist die übertriebene Schlussfolgerung. Hier nehmen Sie im Grunde eine Aussage und übertreiben sie exponentiell, um aus dem Gewöhnlichen herauszutreten und in etwas hineinzukommen, das einem Spiel ähneln kann. Der letzte Trick der Missinterpretation ist die spielerische Neckerei, bei der Sie Ihren Gesprächspartner ein wenig aufziehen, so dass Sie beide lachen müssen.

Kapitel 4. Lustig auf Kommando

Wenn es ein Thema gibt, von dem ich hoffe, dass Sie es bisher aus diesem Buch gelernt haben, dann ist es, dass man nicht immer aktiv versuchen muss, unterhaltsam zu sein oder Witze wie ein Stand-Up-Comedian zu erzählen, um lustig zu sein.

Wenn Sie ständig versuchen, Witze zu reißen, Verbindungen herzustellen und Pointen zu setzen, werden Sie wahrscheinlich eher unausstehlich als amüsant sein. Wie wir in den vorangegangenen Kapiteln gesehen haben, ist nicht alles, was witzig und humorvoll ist, so. Ein Großteil dessen, was Bemerkungen lustig und geistreich macht, ist die Tatsache, dass sie unerwartet sind. Wenn Sie sie jedoch ständig abfeuern, können die Dinge vorhersehbar und sogar ärgerlich werden, weil Ihr Verhalten übermüht wirkt.

Dieses Buch ist darauf ausgerichtet, Ihre Persönlichkeit auf natürliche Weise witziger zu machen. Stellen Sie sich jemanden vor, der zufällig flammend rote Schuhe hat und auf dessen Lieblingshemd Cartoon-Zebras kämpfen. Er versucht nicht, witzig zu sein, er hat nur eine Veranlagung und eine Einstellung zum Leben, die vielleicht eher dazu geeignet sind, von Natur aus witzig zu sein. Er würde einen Kuchen in Bezug auf die Köstlichkeit im Gegensatz zum Geschmack beschreiben.

Lebendige Bildsprache

Um witzig zu sein, müssen Sie sich nicht absichtlich anstrengen. Sie können anschauliche und ausgefallene Bilder verwenden, um zu beschreiben, was Sie sehen, und Analogien herstellen.

Sie lesen dieses Buch auf Deutsch, und in der deutschen Sprache gibt es Wörter, die anderen für einen komischen Effekt überlegen sind. Sie können sagen, dass jemand „lustig" ist, aber Sie können auch sagen, dass Sie sich seinetwegen „vor Lachen auf die Schenkel klopfen".

Wir verwenden täglich träge, uninspirierte Sprache. Um lustiger zu werden, können wir diese gebräuchlichen Begriffe und Phrasen langsam durch ausgefallenere ersetzen. Sie könnten jemanden „dumm" nennen, aber Sie könnten ihn auch als „Clown" oder „Trottel" bezeichnen - objektiv seltenere und simple Wörter, die weniger direkt beleidigend sind als „dumm".

Andere Beispiele für Wörter, die von Natur aus lustig oder zumindest ungewöhnlich sind, sind:

- Titicacasee (ein echter See)
- Klabusterbeere
- Schwuppdiwupp
- Zausel
- Papperlapapp
- Kauderwelsch

Nicht, dass Sie genau diese Wörter verwenden sollten, aber es gibt definitiv eine Reihe von kreativeren Wörtern, die Sie Ihrer Alltagssprache hinzufügen können. Der erste Schritt hier ist zu erkennen, dass wir von Natur aus auf eine langweilige und übermäßig hygienische Weise sprechen. Alternativen wie die hier aufgelisteten klingen nicht nur lustiger, sie füllen unsere Köpfe mit lustigen Bildern und Gedanken an Beeren, Seen usw., die mit dem Kontext, in dem das Wort verwendet wird, absolut nichts zu tun haben.

Unser Vokabular und unser täglicher Sinn für Bilder ist eher mangelhaft, und das wir müssen beheben, um ohne sichtbare Anstrengung interessanter und lustiger zu werden. Erinnern Sie sich an Ihren Sprachunterricht, als Sie neue Vokabeln lernten – auch solche mit vier oder fünf Silben?

Sie könnten sie subtil in Ihren Wortschatz pfeffern, damit Sie intelligent und wohlgebildet klingen. Sehen Sie? Ich habe es gerade selbst getan.

Wenn Sie sich dazu verpflichten, Teile Ihres Wortschatzes zu ersetzen und einen Sekundenbruchteil länger nachzudenken, wenn Sie Dinge beschreiben, können diese kleinen Änderungen einen großen Unterschied machen, wie Sie wahrgenommen werden. Jemand, der

„lustig tanzt", fällt uns kaum auf, aber jemand, der „tanzt wie ein Gorilla, der ein Omelett brät", erregt sofort unsere Aufmerksamkeit.

Verwendung #1

Der erste Schritt besteht darin, normale Adjektive aus Ihrem Wortschatz zu streichen und sie durch etwas zu ersetzen, über das Sie nachdenken müssen. Andere Menschen werden oft nicht aktiv über Ihre Beispiele nachgedacht haben, und das Ergebnis wird unerwartet sein.

Wenn Sie sagen wollten, dass Ihr Wochenende „gut" war, was wären bessere und anschaulichere Möglichkeiten, dies zu tun?

Gut -> phantasievoll -> herrlich -> wie eine große Bloody Mary -> besser als der Gang auf die Toilette nach einer langen Autofahrt -> fast so gut *wie der Weihnachtsmorgen.*

Wenn Sie sagen wollten, dass Sie Kaffee lieben, was wäre eine bessere und anschaulichere Art, das zu tun?

Ich liebe Kaffee -> er ist mein Lebenselixier -> ohne ihn bin ich tot -> mein Blut besteht zu fünfzig Prozent aus Koffein -> ich würde darin baden, wenn ich könnte -> ich trinke so viel, dass mein Urin auch wie Kaffee aussieht.

Sehen Sie den Unterschied?

Das ist nicht schwer, aber es ist auch nicht einfach, sich das spontan einfallen zu lassen. Das ist eine Einstellung, die Sie proaktiv kultivieren müssen. Wann immer Sie auf ein normales Adjektiv stoßen, denken Sie darüber nach, welche anderen Synonyme Sie verwenden könnten, um Menschen beschreibende Antworten zu geben.

Wenn Sie bessere Wörter und Ausdrücke verwenden, werden Sie die Leute dazu bringen, auf sie zu reagieren, weil Sie viel mehr als nur die Wörter und Ausdrücke selbst sagen. Wenn Sie sich schwer tun, gute Alternativen zu finden, können Sie immer auf Analogien zurückgreifen. Wie im ersten Beispiel mit „gut" können Sie „so gut wie..." verwenden, idealerweise mit einem Vergleich, der allgemeine Bilder hervorruft.

Als weiteres Beispiel, wenn Sie sich eine Alternative für „schlecht" ausdenken müssten, könnten Sie „so schlecht wie der siebte Kreis der Hölle" verwenden.

Verwendung #2

Eine weitere Möglichkeit, lebendige und ausgefallene Bilder in Ihr tägliches Sprechen einzubringen, besteht darin, Beobachtungen, Handlungen und Objekte auf unkonventionelle und kreative Weise zu beschreiben.

Die Komikerin Amy Schumer ist ein gutes Beispiel dafür, wenn sie ihre Schlafpositionen beschreibt. Sie *könnte* beschreiben, wie sie schläft, als „unordentlich" oder „seltsam". Sie könnte sogar noch einen Schritt weiter gehen und sagen, dass sie wie eine „ungesalzene Brezel" schläft.

Die ungesalzene Brezel gibt Ihnen ein geistiges Bild, aber sie macht es noch besser.

Sie beschreibt ihre Schlafposition so, „als ob sie vom Dach eines Gebäudes gefallen wäre" oder „in Form eines Hakenkreuzes."

Da haben Sie sofort Ihr geistiges Bild, das nun den zusätzlichen intelligenten Humor hat, zwei sehr unterschiedliche Konzepte zu kombinieren (Schlaf und Hakenkreuz, Schlaf und Herunterfallen von einem Gebäude).

Ein weiteres Beispiel hierfür stammt von PJ O'Rourke, der seine Erfahrungen mit dem lokalen Militär auf den Philippinen beschrieb, wobei er mit einem kleinen Polizisten in Kontakt kam, der ihn verblüffte.

Er beschrieb den Polizisten als einschüchternd und furchterregend, aber gleichzeitig zierlich. Seine genaue Formulierung war: „Er sah aus wie ein Kampfhamster."

Selbst wenn Sie nicht versuchen, witzig zu sein, kann allein die Art und Weise, wie Sie kontrastreiche Analogien verwenden und verschiedene Konzepte gegenüberstellen, für wirklich amüsante Beschreibungen sorgen.

Wie beherrschen Sie die Kunst der humorvollen Beschreibung?

Der erste Schritt besteht darin, zu versuchen, sich von der offensichtlichen Bedeutung zu distanzieren. Konzentrieren Sie sich nur auf die Elemente und Merkmale dessen, was vor Ihnen liegt.

Im Fall von PJ O'Rourke würden Sie beispielsweise ausblenden, dass Sie einen Polizeibeamten betrachten, und sich stattdessen nur auf dessen auf die Elemente und Eigenschaften konzentrieren.

Er war klein, zierlich, furchterregend, einschüchternd, mächtig, grimmig, autoritär, ernst, streng und elfenhaft.

Was sind zwei unterschiedliche Konzepte, die zu den obigen Beschreibungen passen würden?

O'Rourke identifizierte ein kleines Tier, einen Hamster, und spielte auch auf die Tatsache an, dass diese Person eine starke körperliche und militärische Fähigkeit hat, die angreifen kann. Wenn man diese beiden Konzepte zusammenfügt, entsteht vielleicht das lustige Bild eines Kampfhamsters.

Diese Art von Humor beansprucht Ihre Vorstellungskraft und Kreativität. Man ist gezwungen, sich Gedanken darüber zu machen, was die Grundelemente miteinander zu tun haben und wie sie auf einer physischen Ebene aussehen. Diese seltsamen Kombinationen erzeugen lustige Bilder wie Amy Schumers Beschreibung des Schlafens.

Ein anderes Beispiel ist, als ein Charakter im *Avengers: Endgame*-Film dem schwabbeligeren Thor sagte: „Du siehst aus wie geschmolzenes Eis." Die mentalen Bilder, die diese Wortwahl hervorruft, sind sofort auffallend und witzig, und ein Großteil des Humors rührt von der leicht erkennbaren Ähnlichkeit von „geschmolzenem Eis" mit Thors Silhouette her. Es ist erwähnenswert, dass Sie natürlich vorsichtig sein sollten, wenn Sie diese Technik verwenden, um die Körperfülle von Menschen in lockeren Gesprächen zu kommentieren. Denken Sie daran, dass das Feingefühl dafür, was eher beleidigend als amüsant rüberkommt, in sozialen Situationen immer noch an erster Stelle steht.

Wie könnte die Verwendung von Bildern in Ihren täglichen Gesprächen angewendet werden? Angenommen, jemand fragt Sie, wie es Ihnen nach einem besonders anstrengenden Trekking geht. Sie könnten mit dem üblichen „Ich bin so müde" antworten oder Ihre Antwort aufpeppen, indem Sie stattdessen sagen: „Meine Füße sind wie Puddingklumpen und meine Knie fühlen sich an wie ungeölte, knarrende Türscharniere. „Wenn Sie jemandem sagen wollen: „Gestern war es so heiß", könnten Sie stattdessen den fantasievolleren Satz wählen: „Gestern wollte die Erde den Platz von Merkur neben der Sonne einnehmen." Die lebendigen Bilder, die diese Aussagen in den Köpfen Ihrer Zuhörer erzeugen, werden sicherlich langweilige Gespräche einschränken.

Ein weiterer großer Vorteil dieser besonderen Herangehensweise an den Humor ist, dass er zwangsläufig Ihren Wortschatz erweitert. Es trainiert auch Ihr kreatives Denken, indem Sie sich spontan verrückte Analogien und seltsame Verbindungen ausdenken. Vergleichen Sie dies mit dem einfachen Wiederholen der gleichen Wörter wie „gut" und „schlecht", was Sie als einfallslos und ziemlich langweilig erscheinen lässt.

Verwendung #3

Die letzte Möglichkeit, eine bessere Bildsprache zu verwenden, ist die Verwendung von Referenzen aus der Populärkultur, um Adjektive zu ersetzen. Je bekannter die Referenz ist, desto besser ist der Witz.

Manche Leute werden jedoch den Bezug komplett übersehen und nicht wissen, wovon Sie sprechen. Deshalb kann dies ein „Treffer oder Fehlschlag" sein.

Das ist sehr einfach. Nehmen wir eine bekannte Referenz: die Korruption bei den Olympischen Spielen. Man kennt darüber keine Details, aber es ist etwas, von dem die Leute im Allgemeinen wissen, dass es existiert. Sehen Sie - es ist schwierig.

Welche Charaktereigenschaften würden Sie dieser Referenz zuordnen? Korruption, Unfairness, Ungleichheit, Hinterhältigkeit, Heimlichtuerei und so weiter.

Sie können die Eigenschaften der Referenz verwenden, um Dinge zu beschreiben, z. B. „Dieser Kassierer gab mir einen Ein-Dollar-Schein statt eines Zehn-Dollar-Scheins zurück. Arbeitet er für die Olympischen Spiele oder so?"

Sie ersetzen das Wort „korrupt" durch einen Verweis auf die Populärkultur - eine viel anschaulichere, aktuellere und lebendigere Ausdrucksweise.

Nehmen wir eine andere bekannte Referenz: die Fernsehserie *Game of Thrones*.

Verwenden Sie die Eigenschaften der Fernsehserie, um etwas zu beschreiben - in diesem Beispiel „süchtig machend": „Diese Tintenfischpastete macht fast so süchtig wie *Game of Thrones* zu schauen. Es ist unglaublich."

Der Schlüssel ist, die Leute dazu zu bringen, die Referenzen zu visualisieren und über die Entkoppelung zu lachen.

Stellen Sie also sicher, dass die Referenzen, die Sie verwenden, angemessen sind. Sie sollten auch dem Alter und dem Kontext der Leute, mit denen Sie sprechen, etwas Aufmerksamkeit zu widmen. Eine dritte, sehr verbreitete Popkultur-Referenz, die oft humorvoll verwendet wird, ist zum Beispiel „That's what she said!" aus der Serie *Das Büro*. Obwohl es eine großartige Möglichkeit ist, aus zufälligen Aussagen unter Freunden sexuelle Wortspiele zu machen, könnte es in einem formelleren Rahmen geschmacklos wirken.

Sie können auch Referenzen verwenden, um Menschen in Ihrem sozialen Umfeld auf interessantere Weise zu beschreiben. Anstatt zu sagen, dass Ihr kleiner Neffe einfallsreich ist, könnten Sie stattdessen sagen: „Die Art und Weise, wie er sein eigenes Spielzeug zusammensetzt, stellt MacGyver in den Schatten!" Beachten Sie natürlich, dass jeder, der später als in den 90er Jahren geboren wurde, diese Anspielung vielleicht nicht so gut versteht.

Hier kommt Ihr Wissen über Generationsunterschiede ins Spiel - versuchen Sie, Ihre Anspielungen auf das Alter Ihres Gesprächspartners abzustimmen. Auf diese Weise erhöhen Sie die Chancen, dass Ihre Referenz eher ein Treffer als ein Fehlschlag wird.

Es braucht nur ein wenig Aufwand, um damit zu beginnen, die Wörter und Phrasen in Ihrem Wortschatz zu ersetzen, um wie eine völlig neue Person zu klingen. Leider haben wir nur eine Chance, einen ersten Eindruck auf andere Menschen zu machen, also machen Sie ihn gut! Wenn Sie relativ beliebte Filme oder Fernsehsendungen sehen, können Sie auch Referenzen daraus verwenden, da die Wahrscheinlichkeit größer ist, dass jemand anderes davon gehört hat. Mit etwas Glück kommen Sie nicht nur witzig rüber, sondern wenn die andere Person auch ein Fan ist, haben Sie auch etwas, worüber Sie sich austauschen können.

Die komische Dreiergruppe

Die komische Dreiergruppe oder das komische Triple ist einer der einfachsten und bekanntesten Witze der Welt.

Vielleicht ist es Ihnen nicht bewusst, aber Sie haben das komische Triple schon viele, viele Male in Ihrem Leben gehört. Es ist an der Zeit zu lernen, wie man ihn effektiv einsetzt!

Bevor wir in die Mechanik und die Schritte eintauchen, hier ein kurzes Beispiel für die komische Dreiergruppe.

Wissen Sie, was mein Lieblingsteil an Kaffee ist? Der Energieschub, das Aroma und die gelbfärbende Wirkung auf Ihre Zähne.

Die komische Dreiergruppe bezieht ihre Kraft aus der Tatsache, dass die Menschen in vielerlei Hinsicht darauf konditioniert wurden, Informationen zu verarbeiten und Bedeutungen in Dreiergruppen anzunehmen.

Überlegen Sie mal, wo dieses Dreier-Muster in unserem Leben existiert. Es ist überall.

Die drei kleinen Schweinchen. Newtons drei Gesetze der Physik. Goldlöckchen und die drei Bären. Die drei Teile eines Witzes. Die drei Phasen einer Geschichte. Destiny's Child. *Charlie's Angels.* Kirk, Spock und Dr. McCoy. Die drei Stooges. Die Heilige Dreifaltigkeit.

Es hat etwas mit der Zahl drei zu tun und damit, wie sich das Gehirn organisiert.

Wenn Sie einmal anfangen darauf zu achten, werden Sie es überall sehen. Aus gutem Grund ist es auch die Methode, die Führungsexperten verwenden, um Informationen am effektivsten zu lehren und zu verbreiten. Der bekannte Führungsexperte Kevin Kruse ist zum Beispiel dafür bekannt, dass er den Leuten nur drei Informationen auf einmal gibt. Auf diese Weise können die Leute ihren Fokus beibehalten und werden nicht abgelenkt. Einige argumentieren, dass, wenn man etwas nicht auf drei Hauptpunkte reduzieren kann, es kein inhärent stichhaltiges Argument ist.

Man kann es sogar so ausdrücken: Das menschliche Gehirn ist sicherlich in der Lage, mehr Dinge zu behalten, aber für die größte Wirkung, komödiantisch oder nicht, funktionieren drei am besten.

Das ist der Hintergrund dafür, warum diese Technik tatsächlich das komische *Triple* ist.

Wenn Sie eine Liste mit drei Dingen machen, machen Sie in der Regel eine Liste mit drei ähnlichen Dingen. Sie könnten sogar Synonyme sein. Zum Beispiel könnten Sie eine Frau als sexy, süß und schön beschreiben, oder einen neuen Autotyp als aufregend, cool und innovativ.

Wenn Sie irgendeine Art von Liste erstellen, bauen Sie die Erwartung auf, dass Sie die Empfindung verstärken und die Liste verwenden, um einen Punkt insgesamt zu betonen. Die Leute erwarten nur einen direkten Gedankengang.

Die komische Dreiergruppe überrascht die Leute, denn wo sie vielleicht erwarten, dass eine Liste nur eine Empfindung enthält, enthält das Comic-Triple zwei, und die beiden Empfindungen könnten nicht unterschiedlicher sein.

Die ersten beiden Elemente sind etwas Erwartetes und stehen im Einklang miteinander. Sie sind relevant füreinander und fließen natürlich; das dritte ist das, was den Hörer überrascht. Die Spannung des Aufbaus wird gelöst, und die Überraschung bringt die Leute zum Lachen. Wiederum ist es die überraschende und unerwartete Natur des dritten Elements, die es so funktionieren lässt.

Lassen Sie uns das für einen Moment aus dem Abstrakten ins Konkrete gehen: Die ersten beiden Elemente werden positiv sein, und das letzte Element wird negativ sein, oder andersherum. Jetzt können wir mit weniger Verwirrung fortfahren.

Ein berühmtes Beispiel für das komische Triple stammt von Mark Twain und wurde in Bezug auf Regierungsdaten und deren Analyse gemacht: „Es gibt Lügen, verdammte Lügen und Statistiken."

Jeder hasst es, belogen zu werden. Wir sind empört, wenn Menschen in der Regierung oder diejenigen, die den Einfluss der Regierung ausnutzen, lügen, um selbst zu profitieren. Wir sind so empört, dass wir dem Teil mit den „verdammten Lügen" zustimmen, weil es mehr von derselben heimtückischen Manipulation der

Öffentlichkeit ist. Wir sind wütend. Wir erwarten, dass der letzte Teil dieser Liste auf die Epiphanie der Korruption mit so etwas wie „Die Lügen, die Sie nachts nicht schlafen lassen." aufbauen wird.

Das ist doch die logische Schlussfolgerung, oder?

Stattdessen werden wir völlig aus der Bahn geworfen, wenn Twain Statistiken erwähnt. Statistiken sind das Gegenteil von Lügen, vorausgesetzt, sie werden nicht manipuliert oder gefälscht. Menschen vertrauen Statistiken instinktiv. Daher ist dies das genaue Gegenteil der ersten beiden Elemente von Twains Triple.

Hier ist ein weiteres Beispiel für ein komisches Triple von Komiker Chris Rock: „Es gibt nur drei Dinge, die Frauen im Leben brauchen: Essen, Wasser und Komplimente."

Das Zitat ist lustig, weil Essen und Wasser zusammengehören. Die Empfindung basiert einfach auf dem Lebensunterhalt und den grundlegenden menschlichen Bedürfnissen. Normalerweise, wenn Leute sagen, dass man nur drei Dinge zum Überleben braucht, ist das dritte Element, das die Leute wahrscheinlich erwarten, Luft oder Schutz.

Chris Rock zerschlägt Ihre Vorahnung und Erwartung, indem er das Triple mit „Komplimenten" vervollständigt, was ein kleiner Seitenhieb auf Frauen ist, aber auch das Gegenteil eines menschlichen Grundbedürfnisses.

In der Fernsehserie *The Big Bang Theory* lieferte die Figur Sheldon Cooper ebenfalls ein komisches Triple, während er auf einem Lammkebab herumkaute: „Und was für eine Zivilisation ist die der Griechen ... Sie gaben uns Wissenschaft, Demokratie ... und kleine Würfel aus verkohltem Fleisch, die nach Schweiß schmecken!"

Die ersten beiden griechischen Beiträge, die er erwähnte, Wissenschaft und Demokratie, sind beide positiv. Dann folgte eine negative Bemerkung über das griechische Essen, was einen Aufschrei aus dem Publikum hervorrief, da es eine unerwartete Wendung vom positiven Gedankengang war.

Hier ist ein weiteres Beispiel von Komiker Jon Stewart, dem ehemaligen Moderator der *Daily Show*: „Ich feierte Thanksgiving auf eine altmodische Art und Weise. Ich habe jeden in der Nachbarschaft zu mir nach Hause eingeladen, wir hatten ein riesiges Festmahl, und dann habe ich sie getötet und ihr Land genommen."

Zwei positive und ein negatives. Sehen wir schon das Muster?

Jon Stewart macht sich über die Geschichte der amerikanischen Ureinwohner und der europäischen Siedler in den Vereinigten Staaten lustig. Als die ersten englischen Siedler nach Neuengland kamen, hatten sie es so schwer, dass sie fast verhungerten. Erst als die amerikanischen Ureinwohner ihnen zeigten, wie sie die richtigen Beeren pflücken, das richtige Essen zubereiten und auch sonst in der neuen Umgebung überleben konnten, waren sie in der Lage, genug Nahrung anzubauen, und die Kolonie überlebte.

Um dem zu gedenken, feiern die Vereinigten Staaten seit 1863 Thanksgiving in der einen oder anderen Form. Stewart macht sich über dieses traditionelle Thanksgiving im historischen Kontext lustig und erinnert auch an die Gewalt gegen die Ureinwohner, die mit der Kolonialisierung der Vereinigten Staaten einherging. Zwei positive und ein negativer Aspekt.

Wie schaffen Sie es, dass die komische Dreiergruppe bei Ihnen funktioniert?

Schritt eins: Überlegen Sie sich Ihr Thema oder Ihre Thematik.

Das kann so ziemlich alles sein, was zwei kontrastierende Eigenschaften hat. Die meisten Dinge haben mindestens eine positive Eigenschaft und eine, die entweder negativ ist oder auf eine Weise übertrieben werden kann, die einen guten Kontrast zur positiven Eigenschaft bildet. Wie wir gesehen haben, können das verschiedene Lebensmittel, Geschlechter, Anlässe usw. sein. Für dieses Beispiel werden wir das Thema Kaffee verwenden.

Schritt 2: Listen Sie zwei positive oder zwei negative Punkte auf.

Nennen Sie zwei Dinge, die in positiver oder

negativer Weise mit Kaffee verbunden sind.

Zum Beispiel, energiegeladen zu sein, aufzuwachen, eine Routine zu haben, das Aroma; dies sind im Allgemeinen positive Beschreibungen, an die Sie denken könnten, wenn Sie an Kaffee denken. Denken Sie daran, dass dies Dinge sind, die der allgemeine Meinung nach gut an Kaffee sind. Nicht jeder mag zustimmen, dass der Geschmack eine positive Eigenschaft von Kaffee ist, aber Aroma und Energie sind Eigenschaften, denen die meisten zustimmen werden.

Schritt 3: Listen Sie ein Negativ oder ein Positiv auf.

Sie gehen den umgekehrten Weg, das entgegengesetzte Gefühl als das, was Sie in Schritt zwei verwendet haben.

Was ist also negativ an Kaffee? Hier wird der Kontrast aufgebaut. Verfärbte Zähne, übermäßiger Koffeinkonsum, Drogenkartelle, Sucht und das Verschütten von Kaffee auf weißer Kleidung.

Schritt 4: Setzen Sie alles zusammen.

„Ich trinke jeden Morgen Kaffee. Ich liebe das Aroma, wie er mich aufweckt, und dass ich ihn immer auf meine weißen Hemden zu verschütten scheine."

Sehen Sie, wie sich die Vorfreude und Erwartung durch die ersten beiden Elemente aufbaut und sich dann im letzten Element komplett umkehrt?

Hier ist ein weiteres Beispiel, nachdem wir den Prozess einmal durchlaufen haben. Diesmal nehmen wir ein fertiges komisches Dreieck auseinander: „Ich liebe alles an ihr. Ihr Lächeln, ihr Sinn für Stil und wie sie nie weiß, wo sie essen möchte."

Sie nehmen eine Person und beginnen mit zwei Positiven, dann kehren Sie die Emotion um und gehen ins Negative.

Erwarten Sie nicht, dass Sie beim ersten Mal, wenn Sie mit diesem komödiantischen Ansatz auftreten, einen Volltreffer landen. Mit ein bisschen Übung kann man es meistern. Halten Sie es einfach und versuchen Sie, in schwarzen und weißen, negativen und positiven Begriffen zu denken.

Wenn Sie erst einmal gut im komischen Triple sind, können Sie es spontan zusammenstellen. Das ist der beste Teil - Sie können zwei positive Aspekte aufzählen, während Sie für den dritten, negativen Aspekt ein Brainstorming machen, alles ganz spontan.

Irreführung in Hülle und Fülle

Eine Irreführung liegt vor, wenn Sie eine Sache sagen und dann mit einem direkten Gegenteil fortfahren. Zum Beispiel: „Es ist ein Geheimnis, aber ich verrate es Ihnen sofort" oder „Diese Show ist großartig, außer für jeden, der darin vorkommt."

Es scheint verwirrend, aber was Sie tun, ist, einen Satz in zwei Teile zu zerlegen.

Sie behaupten etwas im ersten Teil und widersprechen ihm dann sofort im zweiten Teil. Die Leute werden sich nicht sofort sicher sein, was Sie meinen, und ein Teil des Humors kommt von dieser absichtlichen Verwirrung. Es gibt sowohl Positives als auch Negatives, oder umgekehrt, im selben

Satz.

Der zweite Teil des Satzes ist das Element, auf das die Leute reagieren werden, während der erste Teil typischerweise das Setup ist. Der zweite Teil ist Ihre wahre Meinung zu dem Thema.

Diese Formel ist das Geheimnis des Humors in solchen Zeilen wie denen von George Jessel: „Das menschliche Gehirn ist ein wunderbares Organ. Es beginnt zu arbeiten, sobald man geboren ist, und hört nicht auf, bis man aufsteht, um eine Rede zu halten." Auch Douglas Adams benutzte es, als er sagte: „Ich liebe Deadlines. Ich mag das zischende Geräusch, das sie machen, wenn sie vorbeifliegen." Hier ist ein weiteres Beispiel: „Ich liebe Hunde, aber ich hasse es, sie zu sehen, zu hören und anzufassen", oder: „Dieser Saft ist fantastisch. Kommt der aus dem Müllschlucker?"

Warum funktioniert die Irreführung?

Die meisten von uns versuchen, höflich zu den Menschen zu sein. Wir verwenden häufig Euphemismen und sagen nicht, was wir wirklich fühlen. Der erste Teil einer

Irreführung ist das, was die Leute erwarten - Höflichkeit. Dann widersprechen Sie sich selbst und geben ihnen eine Dosis Realität, was einen humorvollen Kontrast aufbaut, da Sie von dem abweichen, was die meisten Menschen erwarten und selbst sagen würden. Wie Sie vielleicht schon bemerkt haben, nutzen ironische Gleichnisse ebenfalls die Irreführung, um einen komödiantischen Effekt zu erzielen.

Zu guter Letzt ist die Irreführung eine lustige Art, Ihre Gefühle zu etwas auszudrücken. Wenn Sie wirklich X über ein Thema fühlen, dann benutzen Sie Irreführung! „Das Gegenteil von X, aber eigentlich X", wird fast immer viel besser ankommen als „Mensch, ich hasse X".

Sarkasmus ist eine Möglichkeit, Dinge zu sagen, ohne sie zu sagen, und ist die häufigste Art, wie wir Irreführung verwenden.

Denken Sie daran, wie Chandler Bing aus der Fernsehserie *Friends* spricht. Wenn er sagt, dass etwas *wuuuuunderbar* ist, sagt er es in einem Ton, der Sie sofort wissen lässt, dass er das Gegenteil denkt.

Sarkasmus funktioniert wie ein freundlicher Hinweis - beides sind Möglichkeiten, etwas auszudrücken, ohne es explizit sagen zu müssen. Auf diese Weise ist er ein großartiges Mittel, um unangenehme Themen zu behandeln oder auf den Elefanten im Raum hinzuweisen, ohne die Leute direkt zu beleidigen (oder auf sie hinzuweisen). Es erlaubt uns eine Gratwanderung, solange wir nicht in die Falle der passiven Aggressivität tappen.

Auf einer gewissen Ebene können die meisten von uns Sarkasmus schätzen, weil wir wissen, was damit erreicht werden soll. Er kann sogar die Grundlage für Ihre eigene persönliche Art von Humor sein. Stand-Up-Comedians verwenden ihn oft mit großer Wirkung.

Die Chancen stehen gut, dass Sie Sarkasmus bereits regelmäßig verwenden, ohne sich dessen voll bewusst zu sein. Sarkasmus wird meist als freundliches Geplänkel mit einem Freund oder Bekannten verwendet, zu dem Sie gerne etwas Negatives sagen. Stellen Sie sich zum Beispiel vor, dass Sie bei der Arbeit einen kleinen Fauxpas begangen haben, zum Beispiel vergessen haben, eine ausgeliehene Akte rechtzeitig zurückzugeben. Wenn sich ein naher Kollege darüber lustig macht, antworten Sie vielleicht mit einem sarkastischen „Oh ja, das ist ein Skandal! Das wird morgen sicher in den Nachrichten stehen!" Aber wenn es Ihr strenger Chef ist, der Sie ernsthaft darauf anspricht, würden Sie wahrscheinlich nicht mit einer sarkastischen Antwort darauf reagieren.

Sarkasmus wird normalerweise verwendet, um sich über jemanden oder etwas lustig zu machen, und ist stark kontext- und publikumsabhängig. Wenn Sie sich in der Nähe von jemandem aufhalten, der gerne witzig ist und einen sarkastischen Sinn für Humor hat, ist das sehr willkommen.

Aber in der Nähe von anderen, die nicht den gleichen Sinn für Humor haben, unsicher sind oder Sie nicht mögen, wäre es ein Leichtes, Ihre Versuche sarkastischen Humors als eine vollwertige Beleidigung zu interpretieren. Sie könnten einfach denken, dass Sie ein beleidigender Trottel sind. Das ist nicht das, was Sie hier anstreben.

Wenn Sie Sarkasmus im falschen Kontext verwenden, werden die Leute denken, dass es Ihnen an Einfühlungsvermögen mangelt oder, schlimmer noch, dass es Ihnen Spaß macht, die Gefühle anderer Menschen zu verletzen. Es wird Leute geben, die den Sarkasmus einfach nicht verstehen werden, egal wie deutlich Sie ihn machen. Sie werden nicht beleidigt sein, nur sehr verwirrt. Sie wollen beide Ergebnisse vermeiden.

Im richtigen Kontext kann Sarkasmus Sie allerdings sympathischer und charmanter machen. Außerdem lässt er Sie intelligent und witzig erscheinen. In manchen gesellschaftlichen Kreisen ist ein angemessenes Maß an Sarkasmus nicht nur willkommen, sondern sogar erforderlich.

Da Sie nun eine klarere Vorstellung vom richtigen Kontext von Sarkasmus haben, besteht der nächste Schritt darin, die Elemente zu artikulieren, um sicherzustellen, dass Sie bei Ihren Versuchen, eine Beziehung aufzubauen, nicht einfach Leute um Sie herum beleidigen. Wenn Ihr nerviger Mitarbeiter

Sarkasmus besser verstehen würde, wäre er vielleicht so witzig, wie er glaubt.

In den meisten Fällen bedeutet **Sarkasmus, das *Gegenteil* von (1) einer objektiven Tatsache, (2) einem subjektiven Gefühl oder (3) einem Gedanken zu sagen.**

Man macht eine widersprüchliche Aussage über eine Situation, um deren Wirkung entweder zu betonen oder herunterzuspielen.

Objektive Tatsache: Bob spielt bei der Arbeit ständig Tetris.

Sarkastische Aussage: *Bob, Sie sind der fleißigste Mann, den ich kenne.*

Subjektive Emotion oder Gedanke: Es ist urkomisch, dass Bob bei der Arbeit ständig Tetris spielt.

Sarkastische Aussage: *Bob verdient eine Medaille für den Mitarbeiter des Jahres.*

Hier ist eine weitere.

Objektive Tatsache: In letzter Zeit gibt es überraschend viel Verkehr.

Sarkastische Aussage: *Was machen wir bloß, wenn wir superfrüh an unserem Ziel ankommen?*

Subjektives Gefühl oder Gedanke: Ich hasse den Verkehr so sehr.

Sarkastische Aussage: *Dieser Verkehr ist der beste Teil meines Tages.*

Das ist die erste und häufigste Verwendung von Sarkasmus. Lassen Sie uns nun einen Rahmen für verschiedene Arten von Sarkasmus aufstellen und genau festlegen, wann und wie Sie ihn verwenden können. Sie werden überrascht sein, wie formelhaft und methodisch Sie dabei vorgehen können, und damit auch beim Humor.

Wenn jemand etwas sehr Offensichtliches sagt oder tut, antworten Sie, indem Sie etwas ebenso Offensichtliches sagen.

Bob: „Dieser Weg ist sehr lang."

Sie: „Sie sind sehr aufmerksam."

Bob: „Es ist so heiß heute!"

Sie: „Ich sehe, Sie sind Auszubildender in Meteorologie."

Armer Bob: „Dieses Menü ist riesig!"

Sie: „Schön, dass Sie endlich lesen gelernt haben!"

Die nächste Verwendung von Sarkasmus ist, wenn etwas Gutes oder Schlechtes passiert. Sie sagen etwas darüber, wie dieses gute oder schlechte Ereignis auf die andere Person zurückfällt.

Wenn es gut ist, sagt man, dass es ein schlechtes Licht auf sie wirft; wenn es schlecht ist, sagt man, dass es ein gutes Licht auf sie wirft.

Bob: „Ich habe meinen Kaffeebecher fallen lassen."

Sie: „Sie waren schon immer so anmutig."

Bob: „Ich habe eine Sechs im Mathetest."

Sie: „Jetzt weiß ich, wen ich anrufen muss, wenn mein Taschenrechner kaputt geht."

Sie beobachten, wie der arme Bob eine Kaffeetasse fallen lässt, und stellen fest: „Du wärst ein klasse Baseball-Fänger. Tolle Hände!"

Bei Sarkasmus ist die richtige Darstellung entscheidend. Dies kann den Unterschied ausmachen, ob die Leute über Ihren sarkastischen Witz lachen oder ob sie denken, dass Sie es ernst meinen und Sie insgesamt als Trottel abstempeln. Denken Sie auch daran, dass Sarkasmus vielleicht die am meisten überstrapazierte Technik ist, um Humor zu erzeugen. Verwenden Sie ihn sparsam, aber effektiv.

Sie müssen deutlich machen, dass Sie sarkastisch sind, und anderen ein Zeichen hierfür geben. Andernfalls werden sich die Leute im Falle einer Unsicherheit unwohl fühlen. Sind Sie einfach nur gemein, oder versuchen Sie, witzig zu sein?

Die gebräuchlichste Art, dies zu tun, ist eine Kombination aus einer monotonen Stimme und einem schiefen Lächeln oder Grinsen.

Bei einer trockenen Sprechweise lachen Sie nicht, während Sie etwas sagen; Sie wirken völlig ernst. Dann brechen Sie in ein Lächeln aus, um die Spannung zu mindern und andere auf Ihre wahre Absicht hinzuweisen.

Da Sie nun wissen, wann Sie sarkastische Bemerkungen machen können, ist es auch wichtig zu lernen, wie Sie diese entgegennehmen und somit ein gutes Publikum sein können. Lassen Sie uns so tun, als wären Sie der arme Bob von vorhin, und fügen Sie eine Antwort für ihn ein.

Bob: „Dieser Weg ist sehr lang. "

Sie: „Sie sind sehr aufmerksam."

Bob: „Sie wissen schon. Ich bin wie ein Adler."

Bob: „Es ist so heiß heute!"

Sie: „Ich sehe, Sie sind Auszubildender in Meteorologie."

Bob: „Ich kann es in meinen Knochen spüren. Es ist mein Schicksal."

Armer Bob: „Dieses Menü ist riesig!"

Sie: „Schön, dass Sie endlich lesen gelernt haben!"

Erlöster Bob: **„Ich kann jetzt auch bis zehn zählen. "**

Sie müssen ihre Aussage und das, was sie andeuten, verstärken. Kommt Ihnen das bekannt vor? Es ist eine selbstironische Bemerkung + ein witziger Konter!

Wenn Sie auf diese Weise auf Sarkasmus reagieren, schafft das eine größere Bindung. Jeder fühlt sich wohl, und Sie schaffen eine lustige Situation und Potenzial für mehr Geplänkel.

Und genauso wichtig ist, dass Sie nicht als Spielverderber oder Spaßbremse rüberkommen.

Es gibt jedoch eine Kehrseite im Umgang mit Sarkasmus. Viele Menschen, die einen sarkastischen Humor setzen, verstecken in Wirklichkeit passiv-aggressive Persönlichkeiten, und zwar so gut wie automatisch. Sie benutzen ständig Sarkasmus als Abwehrmechanismus, um ihre wahren Gefühle zu verbergen. Sie benutzen Sarkasmus, um ihre ansonsten negativen Emotionen zu verbergen. Es könnte sein, dass sie das auch bei Ihnen tun, und deshalb ist es auch wichtig zu wissen, wie man ihren unbewussten bösartigen Angriffen ausweicht.

In solchen Fällen wird eine Antwort mit Sarkasmus sie nur ermutigen. Es signalisiert, dass der Missbrauch von Sarkasmus auf diese Weise akzeptabel ist. Wenn Sie feststellen, dass jemand Ihnen gegenüber übermäßig sarkastisch und passiv-aggressiv ist, sprechen Sie ihn darauf an und teilen Sie ihm höflich mit, dass sein Sarkasmus sich feindselig anfühlt, auch wenn er dies nicht beabsichtigt hat.

Als nächstes haben wir Ironie. Ironie ist eine Art von Humor, die dem Sarkasmus sehr nahe steht und oft mit ihm verwechselt wird.

Hier ist die offizielle Definition von Dictionary.com, nur weil die Leute es schwer greifen können: „Der Ausdruck der eigenen Bedeutung durch die Verwendung von Sprache, die normalerweise das Gegenteil bedeutet, typischerweise für humorvolle oder emphatische Wirkung."

Dies unterscheidet sich in einigen Punkten von Sarkasmus. Erstens geht es bei der Ironie im Allgemeinen um Situationen und Ereignisse, nicht um Personen. Es passiert etwas, das das Gegenteil von dem ist, was Sie erwartet haben. Wenn Sie mit einer Ironie konfrontiert werden, z. B. wenn eine Feuerwache abbrennt, ist das ganz offensichtlich ironisch und nicht sarkastisch. Sarkasmus ist jedoch in der Regel eher abwertend gemeint. Man sagt Dinge, die man nicht so meint. Die Definition von Sarkasmus ist „die Verwendung von Ironie, um zu spotten oder Verachtung zu vermitteln. „Sie können also sehen, dass die Aussage „Sie sind sehr aufmerksam", wenn jemand sagt: „Dieser Weg ist sehr lang", Sarkasmus und nicht Ironie ist, weil die erste Bemerkung ein Element des Spottes enthält.

Ironischer Humor ist, wenn etwas passiert, das das genaue Gegenteil von dem ist, was man erwarten würde. Eine andere Art,

Ironie zu definieren, ist, wenn man etwas sagt, aber genau das Gegenteil von dem meint, was man erwartet.

Mit anderen Worten: Die Worte, die aus Ihrem Mund kommen, sind das Gegenteil der Emotion, die Sie empfinden. Wenn Sie am Verhungern sind, könnte eine ironische Aussage etwa so lauten: „Ich bin so voll, dass ich meinen Gürtel ablegen muss. Es ist wie Thanksgiving im Juli."

Ironischer Humor bezieht seine Kraft aus Gegensätzen. Es entsteht ein Kontrast zwischen der wörtlichen Wahrheit und der gefühlten Wahrheit. In vielen Fällen entspringt ironischer Humor der Frustration oder Enttäuschung über unsere Ideale. Die Art und Weise, wie wir die Welt gerne hätten, erzeugt im Gegensatz zur tatsächlichen Welt diese Komik.

Ironischer Humor wird normalerweise verwendet, um eine lustige Pointe über etwas zu machen oder um auf etwas hinzuweisen. Wenn Sie zum Beispiel einen Vogel sehen, der auf einem Schild landet, auf dem „Vögel verboten" steht, ist das ironischer Humor. Das Schild verbietet

Vögel, aber der Vogel ist da und sitzt auf dem Schild. Die Erwartung, dass das Schild sicherstellt, dass sich keine Vögel in der Nähe aufhalten, ist fehlgeschlagen.

Ein anderes Beispiel ist, wenn Sie ein Auto mit einem Logo auf der Tür sehen, auf dem „Städtisches Komitee zur Reduktion von Verkehr" steht, und das Auto zusammen mit allen anderen zwei Stunden lang im dichten feststeckt. Das ist eine zutiefst komische Ironie, denn man würde erwarten, dass das Komitee für Verkehrsmanagementplanung einen besseren Job machen würde, um nicht selbst im Verkehr steckenzubleiben.

Bei der Ironie geht es darum, Kontraste zu finden und diese interessant und kreativ zu bewerten. Wie die Beispiele zeigen, ist ironischer Humor eher eine Sache der Beobachtung als eine der Spontaneität oder Kreativität. Es ist wahrscheinlicher, dass Sie Dinge finden und aufzeigen, die ironisch sind, als dass Sie sich etwas einfallen lassen, das ironisch ist.

Ironischer Humor hingegen ist, wenn Sie absichtlich die gegenteilige Bedeutung dessen, was Sie sagen, andeuten. Wenn wir darüber nachdenken, wie wir Ironie im Gespräch verwenden können, fragen wir uns eigentlich, wie wir zwei Botschaften gleichzeitig vermitteln können.

Worte versus Ton

Denken Sie daran, dass es bei Ironie eher um die Beobachtung von Kontrasten geht. Als Unterscheidungsmerkmal: Wenn Sie es beobachten, ist es wahrscheinlich Ironie, aber wenn Sie es verwenden, ist es eher Sarkasmus.

„ICH BIN EIN MENSCHENFREUND! MENSCHEN MÖGEN MICH!"

„Ich bin im Moment sehr glücklich. Ich bin ekstatisch", sagte er mit einer sehr mürrischen und verärgerten Stimme.

„Ich werde dich umbringen. Du bist so nervig", sagte er mit einem zuckersüßen Ton.

Sie können dabei beide Wege gehen: positive Worte mit negativem Ton oder negative Worte mit positivem Ton. Sie wissen, dass Sie es richtig gemacht haben, wenn es für die andere Person offensichtlich ist, was Sie zu sagen versuchen. Wenn Sie mit dieser Methode Verwirrung stiften, bedeutet das, dass der Ton Ihrer Stimme nicht deutlich genug ist.

Worte vs. Körpersprache

Hier sagen Sie mit Ihren Worten eine Sache, aber Ihre Körpersprache, Mimik und andere nonverbale Hinweise schreien etwas anderes. Stellen Sie sich die gleichen Beispiele aus der vorigen Variante vor, aber statt Ihrer Stimmlage sind Ihre Körpersprache und Mimik das Gegenteil Ihrer Worte.

„ICH BIN EIN MENSCHENFREUND! MENSCHEN MÖGEN MICH!" würde man mit einem großen finsteren Blick sagen und eine Messerbewegung quer über den Hals machen, um anzuzeigen, dass man Menschen hasst.

„Ich bin im Moment sehr glücklich. Ich bin ekstatisch", würde man sagen, während man den Kopf schüttelt und gestikuliert, dass man von einer Brücke springen möchte, alles mit einem angewiderten

Gesicht.

„Ich werde dich umbringen. Du bist so nervig", würde man sagen, während man engelsgleich lächelt, versucht, die andere Person sanft zu umarmen und ihre Schulter zu streicheln, als ob man sie beruhigen wollte.

Ironischer Humor verwendet verschiedene Elemente, die miteinander kollidieren, um einen Kontrast in den Köpfen Ihrer Zuhörer zu erzeugen. Er schafft ein Gefühl des Unerwarteten und verblüfft die Menschen, mit denen Sie sprechen. Der Grund, warum er witzig ist, funktioniert ähnlich wie das Missverstehen. Es dreht sich alles um den Kontrast und das Erzeugen eines unerwarteten Moments.

Auch bei dieser Variante können Sie in beide Richtungen gehen. Sie können positive Worte mit negativem nonverbalem Ausdruck oder negative Worte mit positivem nonverbalem Ausdruck kombinieren. Natürlich können Sie Ihre nonverbalen Äußerungen (Körpersprache und Gesichtsausdruck), den Tonfall und die eigentlichen Worte kombinieren, um den größten Effekt zu erzielen.

Ironisches Gleichnis

Ein Gleichnis ist ein literarisches Mittel, bei dem man sagt, dass eine Sache wie eine andere Sache ist. Zumindest ist das ein normales Gleichnis. Einige Beispiele sind „so weich wie Samt", „so sauber wie eine Pfeife" und „so mutig wie ein Löwe".

Ein *ironisches Gleichnis* ist ein Vergleich zwischen zwei Dingen, die sich überhaupt nicht ähnlich sind, mit Ausnahme eines gemeinsamen Merkmals oder einer Beschreibung.

Um ein ironisches Gleichnis zu erstellen, machen Sie zuerst eine Aussage, die das Gegenteil von dem ist, was Sie tatsächlich fühlen, und vergleichen Sie sie dann mit einer Situation, die ebenfalls das Gegenteil von dem ist, was Sie fühlen. Ein ironisches Gleichnis zu erklären ist wie der Versuch, zu erklären, wie eine Farbe aussieht, daher hier ein paar Beispiele.

„Ich werde diesen Kandidaten genauso wahrscheinlich wählen, wie ich einen zu einem Proktologen mit unkontrollierbaren Muskelkrämpfen gehen würde."

Sie sagen, dass Sie für den Kandidaten stimmen würden, aber dann führen Sie etwas ein, das äußerst negativ ist. Das ist ein ironisches Gleichnis - ein Vergleich mit etwas, das das Gegenteil von dem ist, was Sie meinen. Beachten Sie, dass der Satz typischerweise mit einer irreführenden Beschreibung beginnt, wie z. B. „wahrscheinlich für diesen Kandidaten stimmen". Dann macht der letzte Teil der Aussage einen Rückzieher in Bezug auf die ursprüngliche Aussage, indem er einen Vergleich einführt, der ein gegenteiliges Gefühl hervorruft, z. B. „zu einem Proktologen mit unkontrollierbaren Muskelkrämpfen gehen". Das Endergebnis ist eine Erklärung, wie *unwahrscheinlich es ist,* dass Sie für diesen Kandidaten stimmen, also das komplette Gegenteil des ursprünglichen Eindrucks, den der Satz gemacht hat.

Lassen Sie uns ein anderes Beispiel nehmen:
„Ich bin so traurig wie ein Hund mit einem Knochen."

In Bezug auf die Formel, die wir oben überprüft haben, ist die trügerische Einleitung „so traurig wie", dann erfolgt der Rückzieher, wenn Sie „ein Hund mit einem Knochen" sagen. Normalerweise, wenn ein Hund einen Knochen im Maul hat, ist die letzte Emotion, die Sie beschreiben würden, Traurigkeit, da Hunde mit Knochen ziemlich glücklich sind. Daher endet ein solches ironisches Gleichnis mit einem Ausdruck völligen Glücks, ungeachtet der anfangs erwähnten Beschreibung „traurig".

Wie wäre es nun mit dem folgenden Beispiel?
„Diese Person ist so flexibel wie ein Ziegelstein."

Der Humor besteht hier darin, dass Sie die Tatsache hervorheben, dass diese Person überhaupt nicht flexibel ist. Das ironische Gleichnis funktioniert, indem Sie die Person zunächst trügerisch als „flexibel" beschreiben, dann aber einen Rückzieher machen, indem Sie ihre Flexibilität mit einem Ziegelstein vergleichen. Sofern Sie es nicht mit einem Ziegelstein aus supraleitendem Gelee zu tun haben, ist der betreffende Ziegelstein höchstwahrscheinlich extrem unflexibel und starr.

Hier sind ein paar weitere Beispiele für ironische Gleichnisse:

„Die Erörterung des Heisenbergschen Prinzips durch unseren Lehrer war sonnenklar."

„Sie hat die sozialen Annehmlichkeiten einer Dampfwalze."

„Das dritte Rad bei ihrem Date zu sein, war so angenehm wie eine Wurzelbehandlung."

Können Sie auch selbst einige ironische Gleichnisse bilden? Üben Sie jedes Mal, wenn Sie ein Erlebnis oder ein einprägsames Gefühl beschreiben wollen, Ihre eigenen zusammenzustellen. Auf diese Weise wird das Erfinden von ironischen Gleichnissen in lockeren Gesprächen ungefähr so schwierig sein wie das Zählen bis zehn.

Übertreibung

Dies ist, wenn Sie etwas Negatives über eine positive Aussage sagen, oder Sie sagen etwas Positives über eine negative Aussage - auf eine hyperbolische und übertriebene Weise.

„Reifenpanne? Die beste Nachricht der Woche."

Negatives Ereignis, dann positive Aussage.

Normalerweise, wenn Menschen etwas in dieser Richtung sagen, lenken sie Ihre Aufmerksamkeit darauf, wie negativ oder positiv etwas eigentlich war. Jetzt, da sie einen platten Reifen haben, haben sie noch eine Sorge, zusätzlich zu den anderen kleinen Irritationen und Ärgernissen, die diese Woche schon geliefert hat.

„Das ist kein Problem, ich laufe nachher bestimmt 3 km. Es ist nur mein verletzter Knöchel und Fuß!"

Das ist urkomisch, gerade weil Sie die Tatsache, dass Sie eine ernsthafte Erkrankung haben, auf die leichte Schulter nehmen.

Ironie ist witzig, aber Sie sollten sie nicht überstrapazieren, sonst verstehen die Leute nicht, was Sie sagen wollen, und nehmen Sie vielleicht gar nicht mehr ernst. Sie übermitteln absichtlich eine gemischte Botschaft, also müssen die Leute irgendwann Ihre Grundpersönlichkeit und Ihre Reaktionsweise kennenlernen.

Eine weitere Möglichkeit, Irreführung zu Ihrem Vorteil zu nutzen, besteht darin, Fragen im Gegenteil zu beantworten. Wenn jemand erwartet, dass Sie Ja sagen, sagen Sie Neeeeiiin und umgekehrt. Je offensichtlicher, desto besser. Wie so viele Tricks, die wir zuvor behandelt haben, beruht auch dieser auf dem Überraschungsmoment, das mit einer unerwarteten Antwort einhergeht.

Jennifer Lawrence benutzt diesen Spruch ziemlich oft. Als sie in der Show von Ellen Degeneres war, nachdem sie dank *Hunger Games* zu Ruhm gekommen war, wurde sie gefragt, ob sie sich an all den Ruhm und die Aufmerksamkeit gewöhnt habe, die mit dem Prominenten-Dasein einhergehen. Da sie zu diesem Zeitpunkt erst um die zwanzig war, hätten die meisten ein klares „Nein" von ihr erwartet. Stattdessen ging sie den umgekehrten Weg und sagte „Ja!" Ihr Verhalten machte deutlich, dass sie sich nicht wirklich daran gewöhnt hatte, was ihre Bemerkung im Grunde zu einer sarkastischen Bemerkung machte.

Um die meisten Lacher zu erzeugen, verwenden Sie diese Technik nur bei Ja/Nein-Fragen, bei denen die andere Person Ihre Antwort bereits zu kennen oder zu erwarten scheint.

Hier ist ein weiteres tolles Beispiel. Die unterlegene Fußballmannschaft eines WM-Finales wurde einmal direkt nach dem Spiel interviewt und der Interviewer fragte sie: „Sind Sie enttäuscht?" Eines der Teammitglieder antwortete witzig: „Nein, überhaupt nicht. Das ist genau das, was wir uns erhofft haben - ins Finale der Weltmeisterschaft zu kommen und dann zu verlieren." Wie Sie sehen, liegt der Witz und die Komik einer solchen Antwort darin, dass ein klares „Ja" erwartet wurde, aber genau das Gegenteil auf die Ohren des Interviewers traf.

Das sind Fragen, die in der Regel eine offensichtliche Antwort haben, aber der Grund, warum sie gestellt werden, ist, eine ausführliche Erläuterung der erwarteten Antwort zu erhalten. Deshalb ist es so effektiv, das Gegenteil von dem zu sagen, was erwartet wird. Indem Sie die gegenteilige Antwort geben, bringen Sie die andere Person völlig aus dem Konzept. Nach ein paar Augenblicken können Sie dann die richtige Antwort geben und mehr dazu sagen.

Fazit

- Einer der Hauptgründe, der uns daran hindert, humorvoll und lustig zu sein, ist, dass wir alles zu wörtlich nehmen und dabei eine langweilige Sprache verwenden. Das ist ein Unterschied in der Denkweise, ähnlich wie die Gegensätzlichkeit von Spiel und Konversation/Diskussion, die wir zuvor hatten. Wir verpassen keine einfachen Gelegenheiten, wenn wir erkennen können, dass manche Vokabeln besser sind als andere und dass wir täglich verschiedene Möglichkeiten haben, sie zu verwenden. Der erste Schritt, um lustiger zu sein, besteht also darin, eine Sprache zu verwenden, die sowohl spezifisch ist als auch lebendige Bilder in den Köpfen der Menschen malt.

- Eine Comedy-Technik, die sich auf mentale Bilder stützt, ist die komische Dreiergruppe. Hier beschreiben Sie etwas grundsätzlich mit drei Adjektiven, zwei positiven und einem stark negativen, in dieser Reihenfolge. Wir erwarten im Allgemeinen ein drittes verwandtes Adjektiv nach zwei aufeinanderfolgenden, aber ein nicht verwandter Deskriptor wirft unser Publikum völlig aus der Bahn. Das komische Triple funktioniert wegen der Irreführung und Überraschung.

- Bei der letzten Technik geht es darum, die Irreführung zu sezieren und wie sie zu großen Lachern führen kann. Beginnen wir mit Sarkasmus und Ironie. Sarkasmus ist, wenn man etwas sagt, das man nicht so meint, um sich über etwas lustig oder es lächerlich zu machen. Ironie hingegen bezieht sich auf

Situationen, in denen das das Gegenteil von dem passiert, was man erwarten würde. Dies ist eher beobachtender Humor, da Sie eher auf einen Kontrast hinweisen, als einen zu schaffen. Ironie ist überraschend vielseitig, da sie an vielen Stellen eingesetzt werden kann. Sie können nach ironischen Kontrasten zwischen Worten und Körpersprache und Tonfall Ausschau halten, ironische Übertreibungen und sogar ein ironisches Gleichnis für sich selbst verwenden (leicht wie ein Backstein).

Kapitel 5. Fesselnde Geschichten

Fesselnd ist ein ziemlich starkes Wort, und als solches ist es wahrscheinlich etwas, das wir in unseren Interaktionen anstreben wollen.

Wenn wir an eine fesselnde Person denken, was für ein geistiges Bild kommt uns in den Sinn? Wenn Sie in einem Wörterbuch ein Bild für eine „fesselnde Person" auswählen würden, wie würde diese Person aussehen? Was drückt diese Person aus, wie verhält sie sich, und was beobachten Sie, was sie tut?

Meistens sieht diese Person so aus, als

würde sie auf einer Bühne oder Kanzel stehen und ausschweifend und ausdrucksstark gestikulieren, mit einem emotionsgeladenen Gesicht. Und ich würde auch wetten, dass diese Person gerade dabei ist, eine fesselnde Geschichte zu erzählen, die ihr Publikum in ihren Bann zieht. Wenn man darüber nachdenkt, scheint es in der Tat so, als ob wir nur durch das Erzählen von Geschichten andere hypnotisieren und bezaubern können, damit sie an jedem unserer Worte hängen.

Okay, darüber kann man streiten, aber zu bestimmen, ob das wahr ist oder nicht, ist nicht das Ziel dieses Kapitels. Niemand kann bestreiten, dass das Erzählen von Geschichten ein wichtiges Element von unvergesslichen Gesprächen und Diskussionen ist, die man führen möchte. Die Frage ist immer, wie man sich diese schwer fassbare Fähigkeit aneignet. Deshalb möchte ich in diesem Kapitel ein paar Perspektiven aufzeigen, wie Sie Geschichtenerzählen in Ihren alltäglichen Gesprächen und sogar im Smalltalk einsetzen können.

Es ist hilfreich, dem ganzen Konzept des

Geschichtenerzählens zunächst die Mystik zu nehmen. Was ist Geschichtenerzählen? Es ist einfach nur, jemandem etwas zu erzählen, das passiert ist. Das ist alles. Natürlich gibt es bessere und schlechtere Wege, dies zu tun, aber im Kern ist Geschichtenerzählen einfach nur das Erzählen über die Vergangenheit auf eine Art und Weise, die die Leute aufhorchen lässt. Mit dem ersten Teil haben wir kein Problem - wir alle haben unsere Vergangenheit, und wir alle hatten großartige Erlebnisse, die es wert sind, erzählt zu werden - aber der zweite Teil ist in der Regel die Herausforderung. In diesem Sinne, lassen Sie uns sehen, wie wir besser im Geschichtenerzählen werden können.

Ein Leben voller Geschichten

Um besser mit Geschichten umgehen zu können, müssen wir anfangen, sie in unserem täglichen Leben zu erkennen. Nein, im Ernst. Wir denken nicht, dass unser Leben tagtäglich sehr interessant ist, aber wir tun ziemlich viel mehr, als uns bewusst ist. Es ist ja nicht so, dass Sie jeden Tag in eine massive Demonstration geraten, von der Sie Ihren Kindern erzählen können, oder dass Sie von einem Wursthund durch eine dunkle Gasse gejagt wurden, woraufhin ein als Papagei verkleideter Mann Sie rettete, indem er den Hund abwehrte. Dies sind selbstverständlich gute Geschichten und brauchen keine Organisation oder besondere Art, sie zu erzählen, um eine Wirkung zu erzielen.

Wir schöpfen aus unserem täglichen Leben, und glauben Sie mir, es gibt genug, woraus wir schöpfen können. Wir müssen nur die Minigeschichten erkennen, die unserem Alltag innewohnen. Was ist die Definition einer Mini-Geschichte in diesem Zusammenhang?

„Und was machen Sie so?"
„Ich bin eine Marketing-Führungskraft."

Nun, das nicht. Das wird eine Antwort zur Folge haben, wie „Oh, cool. Ich gehe jetzt auf die Toilette, tschüss." Versuchen wir's noch mal.

„Und was machen Sie so?"
„Ich bin eine Marketing-Führungskraft. Ich habe hauptsächlich mit Kunden zu tun. Erst letzte Woche hatten wir einen verrückten

Kunden, der damit drohte, seine Leibwächter in unser Büro zu schicken! Ich wünschte definitiv, ich hätte mehr mit der kreativen Seite zu tun."

So geht's. Dies wird wahrscheinlich eine stärkere Reaktion hervorrufen als die Flucht ins Badezimmer, wie zum Beispiel „Oh mein Gott! Hat er sie tatsächlich geschickt? ERZÄHLEN SIE MEHR!"

Das ist eine Minigeschichte. Es geht darum, Fragen zu beantworten (oder spontan zu erzählen) und dabei kurz die Elemente einer Geschichte zu verwenden - eine Handlung, die einem Subjekt widerfährt, mit einer Art Abschluss. Wie Sie oben sehen können, erzeugt eine kurze Minigeschichte exponentiell mehr Konversation und Interesse als jede Antwort auf die Frage „Was machen Sie?" Alles, was Sie brauchen, sind drei Sätze. Versuchen Sie, sie laut vorzulesen - es dauert weniger als zehn Sekunden, und Sie haben sie mit genug Informationen vollgestopft, um für jeden interessant zu sein.

Das Tolle an Minigeschichten ist, dass Sie diese auch für ein Gespräch vorbereiten können, so dass Sie überzeugende Anekdoten als Antwort auf sehr häufige und weit verbreitete Fragen parat haben. Der Hauptvorteil bei der Erstellung von Minigeschichten im Vorfeld ist, dass Sie Ein-Wort-Antworten vermeiden können, die Sie sonst vielleicht verwenden. Das kann Ihnen ein Gefühl der Sicherheit geben, weil Sie sich auf das vorbereitet haben, was kommen wird.

Wenn Sie den Kontext aufschlüsseln, der eine Mini-Geschichte umgibt, wird sie viel einfacher. Bemühen Sie sich um drei Sätze, die einige der häufigsten Gesprächsthemen, die auftauchen werden, beantworten können.

1. Ihr Beruf (wenn Sie einen ungewöhnlichen oder nebulösen Beruf haben, stellen Sie sicher, dass Sie eine laienhafte Beschreibung Ihres Berufs haben, mit der die Leute etwas anfangen können)
2. Ihre Woche
3. Ihr bevorstehendes Wochenende
4. Ihr Heimatort
5. Ihre Hobbys und so weiter.

Wenn Sie eine Minigeschichte verwenden, um eine Frage zu beantworten, achten Sie darauf, dass Sie zunächst die gestellte Frage bestätigen. Aber dann, wenn Sie merken, dass Sie etwas viel Interessanteres zu sagen haben, können Sie zur Minigeschichte übergehen, die für sich selbst stehen sollte.

„Wie war Ihr Wochenende?"
„Es war gut. Ich habe vier Star-Wars-Filme gesehen."
„Okay, ich werde jetzt gehen und mit jemand anderem reden."

Versuchen wir es noch einmal.

„Wie war Ihr Wochenende?"
„Es war in Ordnung, aber habe ich Ihnen erzählt, was letzten Freitag passiert ist? Ein Hund, der einen Smoking trug, kam in mein Büro und hat alles vollgepinkelt."
„Warten Sie. Erzählen Sie mehr."

Durch die Verwendung von Minigeschichten können Sie das müde Hin und Her von „Gut, und wie ist es bei Ihnen" vermeiden, das Sie im alltäglichen Smalltalk finden. Das ist der erste Schritt, um fesselnd zu sein.

Es könnte helfen, Mini-Geschichten so zu beschreiben: Wenn Leute mit Ihnen Smalltalk machen und eine der klassischen Smalltalk-Fragen stellen, sind sie nicht wirklich an den Antworten auf diese Fragen interessiert. Sie wollen etwas Interessantes hören, also geben Sie es ihnen.

Dies ist ein wichtiger Punkt, den wir wiederholen sollten: Wenn wir fragen, wie das Wochenende von jemandem war oder welche Reisepläne jemand hat, sind wir normalerweise nicht so sehr an der tatsächlichen Antwort interessiert. Wir haben bereits darüber gesprochen, dass Sie mehr von sich preisgeben sollten, um mehr Gemeinsamkeiten zu finden, und jetzt können Sie die Gelegenheit nutzen, mehr anzubieten.

Nicht nur das, Mini-Geschichten sind ein Einblick in die Art und Weise, wie Sie denken und fühlen. Sie geben Aufschluss über Ihre Denkweise, Ihre Persönlichkeit und Ihre emotionalen Neigungen. Wenn Sie diese Aspekte kennen, ist das der erste Schritt, in dem sich jemand mit Ihnen identifizieren kann und sich mit Ihnen verbunden fühlt. Das wird ihn auch dazu ermutigen, es Ihnen gleichzutun.

Wie in einem früheren Kapitel erwähnt bestätigen Minigeschichten auch die Wichtigkeit, mehr Details zu nennen, und Ein-Wort-Antworten zu vermeiden. Details bieten eine dreidimensionale Beschreibung von Ihnen und Ihrem Leben. Das macht die Leute automatisch interessierter und zugeneigter, weil sie bereits ein geistiges Bild in ihrem Kopf malen und sich alles vorstellen können.

Details geben den Leuten auch mehr, um sich auf Sie einzulassen, über sie nachzudenken und sich mit ihnen zu verbinden. Mit mehr Details ist die Wahrscheinlichkeit wesentlich höher, dass Menschen etwas Lustiges, Interessantes, Gemeinsames, Ergreifendes, Neugieriges und Kommentarwürdiges in dem finden, was Sie zu sagen haben.

Detail und Spezifität versetzen Menschen an einen bestimmten Raum und in eine bestimmte Zeit. Dadurch können sie sich genau vorstellen, was passiert und beginnen, sich dafür zu interessieren.

Überlegen Sie mal, warum es so einfach ist, in einen Film hineingesogen zu werden. Wir erleben eine enorme sensorische Stimulation und können uns kaum den visuellen und auditiven Details entziehen, die uns involvieren sollen. Detaillierte Geschichten und Gespräche sind eine Einladung an andere, einen mentalen Film mit Ihnen zu teilen.

Abgesehen davon, dass sie Ihrem Gespräch und Ihrer Erzählung Würze verleihen und der anderen Person etwas zum Nachhaken geben, sind Details wichtig, weil sie ein emotionales Engagement hervorrufen. Details erinnern die Menschen an ihr eigenes Leben und ihre Erinnerungen und sorgen dafür, dass sie sich mehr zu dem hingezogen fühlen, was ihnen präsentiert wird. Details können andere dazu bringen, zu lachen, sich zu ärgern, traurig zu sein oder Überraschung zu empfinden. Sie können Stimmungen und Emotionen steuern.

Wenn Sie als Detail bestimmte Lieder erwähnen, die während Ihrer Schul-Tänze gespielt wurden, ist es wahrscheinlich, dass jemand Erinnerungen an diese Lieder hat und sich emotional mehr für Ihre Geschichte interessiert. Nennen Sie Details über alle bildlichen Ecken und Winkel, denn das ist es, was Sie auf einer emotionalen Ebene interessant macht.

Die 1:1:1-Methode

Zum Thema Vereinfachung des Geschichtenerzählens haben wir darüber gesprochen, wie wir eine Minigeschichte auf viele Arten verwenden können. Sie fragen sich vielleicht, was der Unterschied zwischen einer Mini-Story und einer *vollwertigen* Story ist.

Für unsere Zwecke, nicht viel. Es scheint, dass viele Leute das Geschichtenerzählen gerne verkomplizieren, als ob sie eine improvisierte griechische Tragödie komponieren würden. Muss es eine Einleitung, einen Mittelteil, einen Kampf und dann eine Auflösung geben? Muss es einen Helden geben, einen Konflikt und eine emotionale Reise? Nicht unbedingt. Das sind bestimmte Arten des Geschichtenerzählens, wenn Sie Francis Ford Coppola (Regisseur der *„Pate"*-Serie) oder ein Stand-Up-Comedian sind, der es gewohnt ist, das Publikum zu fesseln.

Aber das sind sicherlich nicht die einfachsten oder praktischsten Wege, um über Geschichtenerzählen nachzudenken.

Meine Methode des Geschichtenerzählens im Gespräch ist es, die Diskussion im Anschluss zu priorisieren. Das bedeutet, dass die Geschichte selbst nicht so tiefgründig oder lang sein muss. Sie kann und sollte spezifische Details enthalten, auf die sich die Leute beziehen und an denen sie sich festhalten können, aber sie muss keine Teile oder Etappen haben. Eine vollständige Geschichte kann von Natur aus *mini* sein. Deshalb nennt man es auch die *1:1:1-Methode*.

Diese Methode steht für eine Geschichte, die (1) eine Handlung hat, (2) in einem Satz zusammengefasst werden kann und (3) eine primäre Emotion beim Zuhörer hervorruft. Sie können sehen, warum sie kurz und bündig ist. Wenn Sie sicher Ihre Pointe wissen bevor Sie beginnen, haben Sie eine sehr geringe Chance, minutenlang verbal abzuschweifen und Ihre Zuhörer zu entfremden. Dies ist das beste Verhältnis von kleinem Input zu großem Output, das Sie für eine Geschichte haben können.

Dass eine Geschichte aus *einer Handlung* besteht, bedeutet, dass nur eine Sache passiert. Die Geschichte handelt von einer Begebenheit, einem Ereignis. Sie sollte direkt und geradlinig sein. Alles andere verliert nur den Punkt und macht Sie anfällig für Abschweifungen. Details sollen zwar genannt werden, aber sicher nicht am Anfang, weil dann die Wirkung der Geschichte verloren geht oder abgeschwächt wird.

Eine Geschichte sollte sich in einem Satz *zusammenfassen lassen*, weil Sie sonst versuchen, zu viel zu vermitteln. So bleiben Sie fokussiert und kommen direkt auf den Punkt. Dieser Schritt erfordert tatsächlich Übung, denn Sie sind gezwungen, darüber nachzudenken, welche Aspekte der Geschichte wichtig sind und welche nichts zu Ihrer Handlung beitragen. Es ist eine wichtige Fähigkeit, Ihre Gedanken in einen Satz zu destillieren und trotzdem gründlich zu sein - oft werden Sie nicht erkennen, was Sie sagen wollen, wenn Sie das nicht können.

Schließlich sollte sich eine Geschichte auf eine primäre Emotion konzentrieren, die beim Zuhörer hervorgerufen werden soll. Und Sie sollten in der Lage sein, sie zu benennen! Denken Sie daran, dass das Hervorrufen einer Emotion sicherstellt, dass Ihre Geschichte tatsächlich einen Sinn hat. Auch wird es die Details, die Sie sorgfältig auswählen, um diese Emotion zu betonen, entsprechend färben. Für unsere Zwecke hier gibt es nicht wirklich viele Emotionen, die Sie bei anderen durch eine Geschichte hervorrufen wollen. Es könnten Humor, Schock, Ehrfurcht, Neid, Glück, Ärger oder Verärgerung sein. Das sind die meisten Gründe, warum wir anderen von unseren Erfahrungen und Erlebnissen berichten.

Denken Sie daran, dass dies nur meine Methode ist, um anderen meine Erfahrungen zu vermitteln. Meiner Meinung nach ändert es nichts an der Wirkung der Geschichte, ob die Leute zwei Sätze über einen Hundeangriff hören oder zehn Sätze. Wenn Sie eine Geschichte über Ihren Freund erzählen, der ins Gefängnis geht - nun, am Ende von zwei oder zehn Sätzen ist er immer noch im Gefängnis. Wenn Sie eine Geschichte darüber erzählen, wie Sie einen Hund adoptiert haben, wird der Hund immer noch auf Ihrem Bett liegen, egal ob Sie zehn Sekunden oder zwei Minuten brauchen, um die Geschichte zu erzählen.

Nachdem Sie die Voraussetzungen dafür geschaffen haben, kann das Gespräch als Dialog weitergehen, Ihr Gesprächspartner kann sich umfassender beteiligen, und wir können uns dann auf die Wirkung und Reaktion des Zuhörers konzentrieren. Dann können Sie die unvermeidlichen Fragen einfließen lassen und langsam die Details preisgeben, nachdem der Kontext festgelegt und die erste Wirkung spürbar ist. Wie hört sich also diese Geschichte an?

„Ich wurde von einem Hund angegriffen und ich war so erschrocken, dass ich mir fast in die Hose gemacht habe." Es ist ein Satz, es gibt eine Handlung, und der Teil mit den nassen Hosen soll die Tatsache betonen, dass die Emotion, die Sie vermitteln wollen, Angst und Schock ist.

Sie könnten mehr Details über den Hund und die Umstände erwähnen, aber die Wahrscheinlichkeit ist groß, dass die Leute sofort danach fragen werden. Also lassen Sie die Leute lenken, was sie über Ihre

Geschichte hören wollen. Es schadet nicht, die Emotion, die Sie erlebt haben, direkt zu benennen. Laden Sie sie ein, sich zu beteiligen! Nur sehr wenige Menschen wollen dasitzen und einem Monolog zuhören, der meist schlecht und zerstreut erzählt wird. Behalten Sie daher das Wesentliche bei, aber kürzen Sie Ihre Geschichte ab, und gestalten Sie das Gespräch als gemeinsames Erlebnis, anstatt den Luftraum monopolisieren. Hier sind ein paar weitere einfache Beispiele:

„Letzte Woche hatte ich ein Vorstellungsgespräch, das so schlecht verlief, dass der Interviewer über mich lachte, als ich das Büro verließ, so peinlich war das." Eine Handlung, ein Gefühl, in einem Satz.

„Als ich Joshua das erste Mal traf, verschüttete ich eine Schüssel Bohnen über seine weiße Hose und ich glaube, der ganze Raum sah zu, als das passierte."

Die 1:1:1-Methode lässt sich so zusammenfassen, dass man eine Geschichte so nah am Ende wie möglich beginnt. Die meisten Geschichten enden, bevor sie das Ende erreicht haben, und zwar in Bezug auf die Wirkung auf den Zuhörer, seine Aufmerksamkeitsspanne und die Energie, die Sie zum Erzählen haben. Mit anderen Worten: Viele Geschichten neigen dazu, sich in die Länge zu ziehen, weil man versucht, sich an komplexe Regeln zu halten, oder weil man einfach den Faden verliert und versucht, ihn durch Reden wiederzufinden. Vor allem aber ist eine lange Vorrede nicht notwendig. Wichtig ist, dass die Leute aufpassen, sich engagieren und auf irgendeine (vorzugsweise) emotionale Weise reagieren werden.

Das Rückgrat der Geschichte

Betrachten Sie das *Rückgrat der Geschichte* als eine verbesserte und erweiterte Version der 1:1:1-Methode. Es gibt Ihnen den Takt einer großen Geschichte in einer einfachen Formel.

Diese Technik ist Kevin Adams, *Autor und künstlerischer Leiter des Synergy Theaters, zu verdanken. Er lehrt, wie das „Story-Spine" verwendet werden kann, um eine große Geschichte zu skizzieren. Diese Methode ist perfekt für Romanautoren und Filmemacher, aber Sie können sie auch immer dann anwenden, wenn Sie Freunde mit einer fesselnden Geschichte unterhalten wollen. Ebenso kann sie Ihnen sagen, warum bestimmte Geschichten völlig flach fallen, da sie Ihnen zeigt, welche entscheidenden Elemente möglicherweise fehlen. Es geht schnell und fühlt sich mit etwas Übung vielleicht schon automatisch an.*

Das Rückgrat der Geschichtebesteht aus acht Elementen; hier sind sie aufgeführt:

Es war einmal...

Der Anfang der Geschichte. Hier müssen Sie den Kontext festlegen und die Welt, von der Sie erzählen, und die Charaktere, auf die Sie sich konzentrieren werden, beschreiben. Sie etablieren ihre Routine, ihre normale Realität. Wenn Sie diesen Teil überspringen, kann Ihre Geschichte inkonsequent erscheinen, oder die Leute werden den Sinn der folgenden Ereignisse nicht verstehen und warum sie wichtig sind.

Jeden Tag...

Mehr Etablierung von Normalität und Routine. Oft wird eine Figur gelangweilt, traurig oder neugierig, und das treibt die nächsten Schritte der Geschichte an. Dieser Schritt baut Spannung auf und ist der Raum, an dem Sie Ihren Figuren eine Persönlichkeit und ein Motiv für das, was als nächstes passiert, geben.

Aber eines Tages...

Und hier kommt das große Ereignis, das alles verändert! Eines Tages passiert etwas, das die Welt Ihres Charakters komplett auf den Kopf stellt. Ein Fremder kommt in die Stadt oder ein mysteriöser Hinweis taucht auf.

Aus diesem Grund...

Es gibt Konsequenzen. Die Hauptfigur handelt als Reaktion darauf, und das setzt den Hauptteil der Geschichte in Gang, den „Was ist passiert"-Teil. Viele schlechte Geschichtenerzähler stürzen sich einfach hinein und beginnen hier, ohne Spannung aufzubauen oder einen Kontext zu setzen, und stellen dann fest, dass ihr Publikum nicht so sehr am Ergebnis interessiert ist. Wie ein gutes Gespräch erfordert auch eine gute Erzählung ein gewisses Tempo und einen *allmählichen* Aufbau von Spannung.

Aus diesem Grund...

Die Dinge werden interessanter oder beängstigender, der Einsatz wird erhöht, die Handlung verdichtet sich, andere Charaktere treten auf und eine ganze Welt von Komplikationen/Comedy/Drama tut sich auf, während sich die Geschichte entwickelt.

Aus diesem Grund...

Gute Geschichten appellieren an unsere Liebe zur Zahl drei in unseren Erzählungen. Deshalb gibt es Goldlöckchen und die drei Bären, und deshalb steht der Held typischerweise drei Herausforderungen gegenüber, bevor er es endlich schafft. Wenn Sie sich die Zeit nehmen, die drei Dilemmas, denen die Figur gegenübersteht, wirklich zu erkunden, machen Sie die Auflösung viel süßer.

Bis schließlich...

Bekommt der Typ das Mädchen? Wurde die Welt gerettet oder hat der Detektiv

herausgefunden, wer es getan hat? Hier
verraten Sie alles. Der Konflikt ist gelöst,
und die Geschichte ist zu Ende.

Und seither...

Sie schließen die Geschichte so ab, wie Sie
sie begonnen haben - mit etwas Kontext. Sie
skizzieren hier, was die neue Normalität ist,
wenn man den Erfolg oder Misserfolg der
Figur im vorherigen Schritt betrachtet. Sie
könnten sich hier eine Moral der Geschichte
überlegen, oder einen kleinen Witz oder
eine Pointe. Im Gespräch zeigt dies den
Leuten, dass Sie mit Ihrer Geschichte fertig
sind, und signalisiert ihnen, dass sie
reagieren sollen.

Vergessen Sie nicht, dass das Rückgrat einer
Geschichte genau das ist - ein Rückgrat. Sie
müssen die Gliederung noch erheblich
ausbauen, um sie überzeugend zu machen.
Das Story-Rückgrat stellt lediglich sicher,
dass Sie die richtigen Bausteine in der
richtigen Reihenfolge verwenden, und
bietet Ihnen eine Struktur, der Sie folgen
können. Nicht jede Geschichte wird ihr
genau folgen (es ist ja nur ein grober
Entwurf), aber wenn Ihre Geschichten es

tun, ist die Chance groß, dass sie besser ankommen als Erzählungen, die etwas experimenteller sind.

Betrachten Sie als Beispiel den beliebten Titelsong für die 80er-Jahre-Fernsehserie *The Fresh Prince of Bel-Air*. Dies zeigt, dass es auch bei einer schnellen Geschichte wichtig ist, die wesentlichen Bausteine zu haben. Der Song beginnt:

In West Philadelphia geboren und aufgewachsen
Auf dem Spielplatz die meisten meiner Tage verbracht
Abhängen, keinen Stress machen, alles cool
~ Und sonst nur ein paar Körbe Basketball werfen ~

Dies deckt „einst" und „jeden Tag" ab. Kontext hergestellt.

Als ein paar Typen, die nichts Gutes im Schilde   *führten.*
in meiner Nachbarschaft Ärger machten.
Ich geriet in eine kleine Schlägerei und meine Mutter   *bekam*   *Angst*
Und sagte, du ziehst zu deiner Tante und deinem Onkel nach Bel-Air

Hier ist der „aber eines Tages" Teil, der alles ändert.

Ich bettelte und flehte sie Tag für Tag an Aber sie packte meinen Koffer und schickte mich auf den Weg... usw.

Der mittlere Teil des Songs handelt davon, wie er seine Mutter anbettelt, nicht gehen zu müssen. Dann jedoch steigt er in ein Flugzeug nach Bel-Air , nimmt ein Taxi und begreift langsam die ganze neue Welt, in die er gerade hineingeraten ist. Das ist die Mitte der Geschichte, die drei „und weil das so ist"-Teile. Die letzte Strophe geht:

Ich hielt vor dem Haus an, so gegen 7 oder 8. Und ich rief dem Taxifahrer zu: „Yo, Freunde, wir   sehen   uns   später. Ich schaute auf mein Königreich Ich war endlich   da Um auf meinem Thron zu sitzen als der Prinz von Bel-Air

„Schließlich" und „seither" werden hier in einen Topf geworfen, und die neue Normalität wird etabliert, wobei sich die Hauptfigur glücklich in ihrem neuen Leben einrichtet. Zugegeben, es gibt hier nicht allzu viel Konflikt oder Spannung, aber die Struktur ist solide.

Stellen Sie sich vor, jemand verwendet das Geschichten-Rückgrat in einem alltäglicheren Kontext: ein Streit am Arbeitsplatz. Jemand versucht, einem externen Mediator klar zu erklären, was passiert ist. Seine Geschichte klingt etwa so:

„Melissa und Jake arbeiten beide in der IT-Abteilung, sie leiten die Dinge zusammen mit Barbara, die jetzt im Mutterschaftsurlaub ist. Melissa ist seit mehr als zehn Jahren in der Firma, und Jake ist neu, also hat Melissa ihn inoffiziell geschult, um Barbaras Arbeit für die nächsten sechs Monate abzudecken, möglicherweise auch längerfristig (es gibt Gerüchte, dass Jake Barbaras Job bekommen wird, falls sie geht). Sie haben im letzten Monat zusammen an einem großen Projekt gearbeitet.“

Hier erfahren wir nicht, dass Melissa und Jake vor Monaten eine kurze Beziehung hatten, die schlecht endete.

„Aus diesem Grund gab es einige Spannungen im Büro. Es gab einen entscheidenden Fehler bei dem großen Projekt und Melissa wurde dafür verantwortlich gemacht. Inzwischen hat sie uns verraten, dass es in Wirklichkeit Jakes Schuld war und sie ihn gedeckt hatte, als sie noch in einer Beziehung waren. Nun meint Jake, dass Melissa ihm erst jetzt die Schuld gibt, weil sie nicht mehr in einer Beziehung sind, was er für unfair hält.

„Schließlich kontaktierte Barbara das Büro, um ihnen mitzuteilen, dass sie nicht zurückkehren würde. Damit ist eine Bedingung eingetreten, von der Jake annahm, dass sie seine Rolle im Büro festigen würde. Aber jetzt gibt es einen großen Konflikt, da sowohl Melissa als auch Jake es kaum ertragen können, zusammen zu arbeiten.“

In dieser Geschichte hört der Mediator die letzten Schritte, aber der Teil „und seither“ ist noch nicht entschieden. Können Sie die Schritte erkennen und wie das Weglassen oder Vermischen der Schritte die Geschichte noch verwirrender gemacht hätte?

Betrachten Sie den Kassenschlager *Avatar*, und wie er dem Rückgrat der Geschichte folgt:

Es war einmal ein querschnittsgelähmter Soldat namens Jake Sully mit einer traumatischen Vergangenheit, der sich im Leben gerade so durchschlug. Jeden Tag betrauerte er den tragischen Tod seines brillanten und talentierten Bruders.

Eines Tages erhält er die Möglichkeit, an einer Mission zum fernen Mond Pandora teilzunehmen. Dort wird ihm eine Operation versprochen, die es ihm ermöglicht, wieder zu laufen, im Austausch für das Sammeln von Informationen über die Spezies, die auf dem Planeten lebt, die Na'Vi.

Aus diesem Grund verbringt er viel Zeit mit ihnen und entwickelt schließlich eine echte Liebe für ihre Welt und die schöne Neytiri. Bald entdeckt er, dass diese Expedition die Na'Vi ausbeuten soll und kann sich wegen dieser Liebe nicht daran beteiligen, bis schließlich ein ausgewachsener Krieg zwischen den Menschen und den Na'Vi ausbricht. Schließlich wird die Schlacht gewonnen und Pandora ist gerettet. Und seither lebt Jake in Frieden auf Pandora.

Natürlich fehlen hier viele Details und Elemente, aber das Rückgrat ist intakt und ist mitverantwortlich für eine Geschichte, die fesselnd ist und sich so abspielt, wie es das Publikum erwartet. Das Story-Rückgrat gilt für jede Art von Geschichte oder Erzählung, geschrieben, gesprochen oder filmisch, groß oder klein. Die Grundlagen, wenn sie einmal vorhanden sind, können auf buchstäblich endlose Weise überarbeitet werden.

Innere Geschichten

In jedem Gespräch gibt es einen Höhepunkt. Es kann mehrere bemerkenswerte Punkte geben, aber per Definition ist ein Teil der beste und höchste.

Dies kann viele verschiedene Formen annehmen. Sie können gemeinsam herzhaft lachen. Sie können beide emotional werden und weinen. Sie teilen eine starke Perspektive zu einem Thema, die niemand sonst hat. Sie werden gemeinsam Zeuge von etwas, das entweder schrecklich oder urkomisch ist. Sie haben beide Mühe, nicht zu lachen, wenn Sie etwas beobachten. Sie beenden gegenseitig die Sätze des anderen. Die meiste Zeit, wenn Sie es richtig machen, werden Ihre Geschichten zu Höhepunkten wegen der emotionalen Wirkung und der reinen Intrige, die Sie damit erzeugen können. Das macht es einfach, denn Sie säen den Samen der Verbindung, den Sie später ernten können.

Zufälligerweise sieht ein dekonstruierter *Insider-Witz* so aus, dass man später auf diesen Höhepunkt zurückgreift. Um also ganz einfach einen Insider-Witz zu kreieren, müssen Sie sich später nur auf den beziehen. Merken Sie ihn sich und halten ihn bereit, um ihn in naher Zukunft zu verwenden. Lassen Sie ihn nicht alt werden. Angenommen, Sie haben früher im Gespräch eine gute Geschichte erzählt oder eine gute Geschichte hervorgelockt, dann müssen Sie sich nur noch im Kontext Ihres aktuellen Themas darauf beziehen.

Zum Beispiel haben Sie vorhin im Gespräch eine Geschichte über Ihre Lieblingshundeart erzählt. Es gab einen Höhepunkt, als Sie sich selbst mit einem

Wursthund verglichen, weil Ihre Form dies unvermeidlich macht.

Nun ist Ihr aktuelles Gesprächsthema Mode, persönlicher Stil und verschiedene Arten von Jacken. Wie kommen Sie auf den Wurst-Hund-Höhepunkt zurück, indem Sie ihn im Kontext von Jacken erwähnen? *„Ja, leider kann ich diese Art von Jacken nicht tragen, weil ich dem Wursthund am ähnlichsten bin, schon vergessen?"*

Greifen Sie das erste Thema auf, idealerweise das Thema Ihrer Geschichte, und verwenden Sie es dann im aktuellen Thema. Sie wiederholen das alte Thema in einem neuen Kontext, und das kommt tendenziell gut an, auch wenn es beim ersten Mal nicht lustig war. Und das Beste ist, dass Sie dies immer wieder mit der gleichen Sache tun können, um eine noch stärkere einzigartige Verbindung zu schaffen (Insider-Witz!).

Achten Sie auf etwas Lustiges oder Bemerkenswertes, das Sie als Gesprächshöhepunkt einstufen würden. Halten Sie es bereit. Warten Sie wie ein Gepard im hohen Gras der Savanne auf einen anderen Kontext oder ein anderes Thema, in dem Sie es wiederholen können. Und dann feuern Sie es ab.

Hier ist ein weiteres Beispiel.

Bisheriger Gesprächshöhepunkt: eine Geschichte über den Hass auf Parkplatzsuche.

Aktuelles Gesprächsthema: das Wetter.

Rückmeldung: *Ja, der Regen wird definitiv willkommen sein, wenn wir im Umkreis von zehn Blocks um unsere Wohnung keine Parkplätze mehr finden können.*

Und hier ist noch einer:

Bisheriger Gesprächshöhepunkt: eine Geschichte über die Liebe zu Donuts.

Aktuelles Gesprächsthema: Arbeit hassen.

Rückmeldung: Was wäre, wenn Ihr Büro kostenlose Donuts anbieten würde? Wie viele würden Sie brauchen, um Ihre Meinung über die Arbeit zu ändern?

Genauso wie ein Orchesterdirigent dasselbe übergeordnete musikalische Motiv durch verschiedene Arrangements und Lieder ausdrücken kann, können Sie sich immer wieder auf diesen Gesprächshöhepunkt beziehen. Voila, Sie haben gerade aus dem Nichts einen Insider-Witz geschaffen.

Fragen Sie nach Geschichten

Die meiste Aufmerksamkeit bei Geschichten liegt normalerweise auf dem *Erzählen* - aber wie wäre es, sie von anderen zu erbitten und ihnen zu erlauben, sich genauso gut zu fühlen wie Sie, wenn eine Geschichte gut ankommt? Wie wäre es, zur Seite zu treten und anderen Menschen das Rampenlicht zu geben (eine unterschätzte Fähigkeit in Gesprächen und im Leben im Allgemeinen)? Nun, es ist nur eine Frage der Art und Weise, wie Sie nach den Geschichten anderer fragen. Es gibt Möglichkeiten, die Menschen dazu zu bringen, stundenlang zu plaudern. Es gibt auch schlechte Ansätze, bei denen sich die Leute gezwungen fühlen, eine knappe Ein-Wort-Antwort zu geben.

Wenn Sie zum Beispiel Sport schauen, ist

einer der unlogischsten Teile das Interview nach dem Spiel oder nach dem Wettkampf. Die Sportler sind noch im Adrenalinrausch, außer Atem und tropfen gelegentlich Schweiß auf die Reporter. Das ist keine Situation, die für gute Geschichten oder gar Antworten förderlich ist.

Doch wenn Sie einem Fernsehreporter dabei zusehen, wie er einen Sportler interviewt, fällt Ihnen dann etwas an den Fragen auf, die er stellt? Die Interviewer werden in eine unmögliche Situation gebracht und erhalten trotzdem halbwegs Vernünftige Aussagen - zumindest keine gesprochenen Katastrophen. Ihre Aufgabe ist es, jemandem eine zusammenhängende Antwort zu entlocken, dessen Geist im Moment nicht wirklich zusammenhängt. Wie machen sie das?

Sie werden Fragen stellen wie „Erzählen Sie mir von diesem Moment im zweiten Viertel. Was haben Sie dabei gefühlt und wie hat der Trainer das Spiel dann gedreht?" im Gegensatz zu „Wie habt ihr gewonnen?" oder „Wie habt ihr das Spiel gedreht, seid zurückgekommen und habt alle Register gezogen, um am Ende den Sieg zu holen?"

im Gegensatz zu „Wie war das Comeback?"

Der Schlüssel? Sie fragen nach einer Geschichte und nicht nach einer Antwort. Sie formulieren ihre Frage in einer Weise, die eigentlich nur mit einer Geschichte beantwortet werden kann.

Die Reporter versorgen die Sportler mit Details, Kontext und Grenzen, um sie so umfangreich wie möglich zum Reden zu bringen, anstatt eine atemlose Ein-Wort-Antwort zu geben. Es ist fast so, als ob sie den Sportlern einen Umriss dessen geben, was sie hören wollen und wie sie es sagen können. Sie machen es ihnen leicht, eine Geschichte zu erzählen und sich einfach zu engagieren. Es ist, als ob jemand Ihnen eine Frage stellt, in der die Hinweise für die Antwort schon enthalten ist.

Manchmal denken wir, dass wir in einem Gespräch die Hauptarbeit leisten und die andere Partei nicht viel dazu beiträgt. Aber das ist eine Ausrede, die die Tatsache verschleiert, dass wir es ihr nicht leicht machen. Es kann sein, dass sie nicht viel beiträgt, aber vielleicht stellen Sie ihr auch die falschen Fragen, was sie dazu bringt, schlechte Antworten zu geben. In der Tat, wenn Sie denken, Sie schultern die Last, stellen Sie definitiv die falschen Fragen.

Eine Konversation kann für alle Beteiligten viel angenehmer sein, wenn Sie den Menschen einen fruchtbaren Boden bieten, auf dem sie gedeihen können. Bringen Sie die andere Person nicht dazu, zu versagen und ein schlechter Gesprächspartner zu sein; das wird nur dazu führen, dass Sie weniger investieren und sich weniger engagieren und das Gespräch absterben lassen.

Wenn Leute mir unaufwendige, vage Fragen stellen, weiß ich, dass sie wahrscheinlich nicht an der Antwort interessiert sind. Sie wollen nur die Zeit und die Stille füllen. Um Win-Win-Gespräche und bessere Umstände für alle zu schaffen, fragen Sie nach Geschichten, so wie es die Sportsender tun. Stellen Sie Fragen auf eine Art und Weise, die die Leute zum Teilen anregt.

Geschichten sind persönlich, emotional und fesselnd. Es gibt einen Gedankengang und eine Erzählung, die notwendigerweise existiert. Sie zeigen die Persönlichkeit und sind der Weg, wie man etwas über jemanden erfahren kann. Sie offenbaren die Emotionen von Menschen und ihre Denkweise. Und nicht zuletzt zeigen sie, was Ihnen wichtig ist.

Vergleichen Sie dies mit dem einfachen Abfragen von Antworten mit geschlossenem Ende. Diese Antworten sind oft zu langweilig und routinemäßig, als dass sich die Leute dafür interessieren würden. Sie werden trotzdem auf Ihre Fragen antworten, aber auf eine sehr buchstäbliche Art und Weise, und sich dabei nicht engagieren. Wenn Sie Menschen mit oberflächlichen Fragen löchern, bringen Sie sie in eine Position, in der sie im Gespräch versagen.

Es ist der Unterschied zwischen der Frage „Was war bisher das Beste an Ihrem Tag? Erzählen Sie mir, wie Sie den Parkplatz gerade noch bekommen haben!" statt nur „Wie geht es Ihnen?"

Wenn Sie jemandem die zweite Frage stellen, suchen Sie nach einer schnellen, unbeteiligten Antwort. Sie sind faul und entweder interessiert Sie die Antwort nicht oder Sie wollen, dass die Person die Last des Gesprächs trägt. Wenn Sie jemandem eine der ersten beiden Fragen stellen, laden Sie ihn dazu ein, eine bestimmte Geschichte über seinen Tag zu erzählen. Sie ermutigen ihn, die Reihe von Ereignissen zu erzählen, die seinen Tag großartig gemacht haben oder nicht. Und Ihre Frage kann auch nicht wirklich mit einer Ein-Wort-Antwort abgedeckt werden.

Ein anderes Beispiel ist „Was ist das Spannendste an Ihrem Job? Wie fühlt es sich an, die Dinge zu verbessern?", anstatt einfach die allgemeine Frage „Was machen Sie?" zu stellen. Wenn Sie jemanden nur fragen, was er beruflich macht, wissen Sie genau, wie der Rest des Gesprächs verlaufen wird: „Oh, ich mache X. Was ist mit Ihnen?"

Ein letztes Beispiel ist „Wie haben Sie sich an Ihrem Wochenende gefühlt? Was war das Beste daran? Es war so schön draußen", statt nur „Wie war Ihr Wochenende?".

Wenn Sie andere nach Geschichten statt nach einfachen Antworten fragen, haben sie die Möglichkeit, so zu sprechen, dass sie sich emotional beteiligt fühlen. Das erhöht den Sinn, den sie aus dem Gespräch ziehen. Es gibt ihnen auch das Gefühl, dass Sie wirklich an ihrer Antwort interessiert sind, weil Ihre Frage nicht allgemein klingt.

Beachten Sie die folgenden Richtlinien, wenn Sie eine Frage stellen:

1. Fragen Sie nach einer Geschichte
2. Fragen Sie breit gefächert, aber mit spezifischen Anweisungen oder Aufforderungen
3. Fragen Sie nach Gefühlen und Emotionen
4. Geben Sie der anderen Person eine Richtung vor, in die sie ihre Antwort erweitern kann, und geben Sie ihr mehrere Aufforderungen, Hinweise und Möglichkeiten
5. Wenn alles andere fehlschlägt, fragen Sie direkt: „Erzählen Sie mir die Geschichte von..."

Stellen Sie sich vor, dass die andere Person Ihre Neugierde stillen soll. Weitere Beispiele sind die folgenden:

1. „Erzählen Sie mir von der Zeit, als Sie..." versus „Wie war das?"
2. „Hat es Ihnen gefallen..." versus „Wie war es?"
3. „Sie sehen besorgt aus. Was ist Ihnen heute Morgen passiert ..." versus „Wie geht es Ihnen? "

Lassen Sie uns darüber nachdenken, was passiert, wenn Sie persönliche Geschichten anstelle der alten, müden automatischen Antworten hervorrufen (und bereitstellen).

Sie grüßen Ihren Kollegen am Montagmorgen und fragen ihn, wie sein Wochenende war. Zu diesem Zeitpunkt haben Sie sich schon überlegt, was Sie sagen werden, falls er Sie das Gleiche fragt. Denken Sie daran, Ihr Kollege interessiert sich wahrscheinlich nicht für die eigentliche Antwort („gut" oder „okay"), aber er *würde* gerne etwas Interessantes hören. Aber Sie bekommen nie die Chance dazu, weil Sie ihn fragen: „Wie war Ihr Wochenende? Erzählen Sie mir von dem interessantesten Teil - ich bin sicher, dass Sie nicht nur einen Film zu Hause geschaut haben!"

Er öffnet sich und beginnt, Ihnen von

seinem Samstagabend zu erzählen, an dem er alleine und unfreiwillig ein Striplokal, eine Beerdigung und einen Kindergeburtstag besuchte. Das ist ein Gespräch, das in Gang kommen und interessant werden kann, und Sie haben erfolgreich den unnötigen und langweiligen Smalltalk umgangen, der so viele von uns plagt.

Die meisten Menschen lieben es, über sich selbst zu sprechen. Nutzen Sie diese Tatsache zu Ihrem Vorteil. Sobald jemand Ihr Stichwort annimmt und anfängt, eine Geschichte zu erzählen, achten Sie darauf, wie Sie auf diese Person durch Ihre Mimik, Gestik, Körpersprache und andere nonverbale Signale reagieren. Da es immer mindestens eine spannende Sache in jeder Geschichte gibt, konzentrieren Sie sich auf diesen Höhepunkt und scheuen Sie sich nicht zu zeigen, dass Sie engagiert sind.

Ein schneller Tipp, um zu zeigen, dass Sie sich engagieren und sogar bereit sind, zur Konversation beizutragen, ist etwas, das ich *„den Schwanz an den Esel hängen"* nenne. Wahrscheinlich gibt es einen besseren Namen dafür, aber für den Moment reicht es aus. Der Esel ist die Geschichte von jemand anderem, während der Schwanz Ihre Ergänzung dazu ist. Er gibt Ihnen das Gefühl, etwas beizutragen, er lässt den anderen wissen, dass Sie zuhören, und er wird zu etwas, das Sie gemeinsam geschaffen haben. Im Grunde genommen nehmen Sie die Wirkung, die jemand vermitteln möchte, und verstärken sie. Sie unterstützen ihn bei seiner eigenen Erzählung - er möchte eine bestimmte Reaktion von Ihnen erhalten, und Sie gehen mit dem *Schwanz* sogar darüber hinaus.

Wenn sich Ihre Denkweise darauf konzentriert, die Geschichten der Leute zu unterstützen und ihnen das Wort zu überlassen, werden die Leute sie dafür lieben.. Hier ist ein Beispiel:

Bobs Geschichte: „Ich ging zur Bank und stolperte, verschüttete meine ganzen Münzen und ließ es versehentlich regnen.“

Schwanz: **„Dachten Sie eine Sekunde lang, Sie wären Dagobert Duck?“**

Wenn Sie einen Schwanz anhängen,

versuchen Sie, sich auf die primäre Emotion zu konzentrieren, die die Geschichte vermittelt, und fügen Sie dann einen Kommentar hinzu, der diese verstärkt. In der Geschichte ging es darum, dass Bob sich reich fühlte, und Dagobert Duck ist eine Ente, die in Pools mit goldenen Dublonen schwimmt, so dass er die Geschichte ergänzt und Bob nicht die Show stiehlt.

Sabrinas Geschichte: „Nachdem ich zu Mittag gegessen hatte, traf ich den Präsidenten meiner Firma und er sagte, er erinnere sich an mich wegen der tollen Ideen, die ich beim letzten Meeting hatte!"

Schwanz: „Als ob du einen Schönheitswettbewerb gewinnen würdest!"

In dieser Geschichte ging es darum, wie Sabrina sich geschmeichelt fühlte und sich freute, und so verstärkt das Konzept eines Schönheitswettbewerbs diese Gefühle. Machen Sie es sich zur Gewohnheit, die Geschichten anderer Leute zu unterstützen. Es ist einfach, witzig und extrem ansprechend, weil Sie ihnen helfen.

Fazit:

- Menschen zu fesseln heißt in der Regel, eine Geschichte zu erzählen, die sie wie Kinder zuhören lässt (auf eine gute Art). Geschichtenerzählen ist ein großes Thema, das oft übermäßig komplex gemacht wird, aber es gibt viele Möglichkeiten, dieses Gefühl in kleinen, alltäglichen Dingen zu erzeugen. Andere zu fesseln ist kein leichtes Unterfangen, aber das Material und die Fähigkeit liegt in jedem von uns. Wir müssen nur wissen, wie wir es finden und abrufen können.

- Eine einfache Möglichkeit, sich das alltägliche Geschichtenerzählen vorzustellen, ist, dass Ihr Leben eine Reihe von Geschichten ist - Mini-Geschichten, um genau zu sein. Anstatt Ein-Wort-Antworten zu geben, sollten Sie sich angewöhnen, Ihre Antworten als eine Geschichte mit einem Punkt zu formulieren. Das schafft mehr Engagement, lässt Sie Ihre Persönlichkeit zeigen und ermöglicht eine reibungslosere Konversation. Ein Vorteil hierbei ist, dass Sie diese vor einem Gespräch vorbereiten können.

- Die 1:1:1-Methode des

Geschichtenerzählens besteht darin, sie so weit wie möglich zu vereinfachen. Die Wirkung einer Geschichte wird nicht unbedingt stärker sein, wenn sie zehn Sätze im Vergleich zu zwei Sätzen lang ist. Daher konzentriert sich die 1:1:1-Methode auf die Diskussion und Reaktion, die nach einer Geschichte stattfindet. Eine Geschichte kann nur aus (1) einer Handlung, (2) einer Emotion, die hervorgerufen werden soll, und (3) einer Ein-Satz-Zusammenfassung bestehen. Verlieren Sie sich nicht im Geschwafel, und sorgen Sie auch dafür, dass Ihr Zuhörer das Gefühl hat, dass er sich voll an der Unterhaltung beteiligt.

- Das Rückgrat der Geschichte ist mehr oder weniger die Formel für jeden Film, der existiert. Es ist ein einfaches Gerüst, das Sie in Ihren alltäglichen Geschichten und Gesprächen verwenden können, weil es Ihnen zeigt, welche emotionalen Takte in einer Geschichte existieren. Es gibt den Status quo, das Ereignis, das die Dinge in Gang setzt, die Konsequenzen für die Veränderung des Status quo, den Höhepunkt oder die Auflösung und dann das, was anschließend passiert.
- Geschichten können auch die Grundlage

für einen Insider-Witz sein. Wenn Sie darüber nachdenken, ist ein Insider-Witz etwas, das mehrmals mit derselben Person auftaucht und eine positive Emotion hervorruft. Es ist das gleiche Thema, das in einem anderen Kontext zur Sprache kommt. Sie brauchen also nur eine Geschichte anzusprechen und die Chancen stehen gut, dass sie als „Weißt du noch, als wir über..." hängen bleibt. Je öfter Sie dies verwenden, desto mehr wird eine einzigartige Bindung nur zwischen Ihnen beiden geschaffen.

- Es ist wichtig, Ihre Fähigkeit zum Geschichtenerzählen zu verbessern, aber was ist mit dem Entlocken von Geschichten aus anderen? Sie können Ihre Fragen sorgfältig formulieren, um von den Leuten eher Geschichten als Antworten zu verlangen, was eine einfache Möglichkeit ist, die Konversation einfacher und angenehmer für alle Beteiligten zu machen. Es gibt Wege, die Menschen dazu zu bringen, sich Ihnen zu öffnen und weiter zu plaudern. Erinnern Sie sich an die Lektion, die wir mit der 1:1:1-Methode gelernt haben, indem Sie die Emotionen, die Menschen hervorrufen wollen, genau bestimmen. Um dies zu verstärken, können Sie *den Schwanz an den Esel hängen* und strategisch an die Geschichten der Leute anknüpfen.

Zusammenfassung

- Kennen Sie diese Menschen, die immer etwas Kluges oder Witziges zu sagen haben? Haben Sie sich jemals gefragt, wie sie diese scheinbar magische Eigenschaft kultiviert haben? Wenn ja, dann sollten Sie wissen, dass es viel einfacher ist, witzig zu sein, als Sie vielleicht denken, und Sie müssen nicht mit der Gabe des Redens geboren werden. Wenn Sie bestimmte Tricks und Techniken befolgen, können Sie selbst eine solche Persönlichkeit entwickeln. Das erste Element, das Sie angehen sollten, ist der Gesprächsfluss und das Aufrechterhalten eines Austausches.

- Der erste Trick im Buch ist, niemals in absoluten Worten zu sprechen. Eliminieren Sie Fragen und Aussagen, die Wörter wie „lieblings-", „absolut", „nur", „am schlimmsten"

265

usw. enthalten, aus Ihrem Wortschatz. Wenn Sie jemanden fragen: „Was ist Ihr absoluter Lieblingsfilm?", setzen Sie Ihren Gesprächspartner durch die Frage unter Druck, die eine Pause entstehen lässt und den Redefluss zerstört. Stattdessen sollten Sie Ihre Fragen immer verallgemeinern, indem Sie ihnen Grenzen und Einschränkungen auferlegen. Dies erfordert nicht so viel Nachdenken von Ihrem Gesprächspartner und ermöglicht es ihm, einer Frage einfach mit einer Reihe von Antworten zu begegnen, anstatt auf der Suche nach der einen „richtigen" Antwort gefangen zu sein.

- Reaktionen sind wichtig. Menschen sagen und tun Dinge aus einem bestimmten Grund, nämlich eine Reaktion zu bekommen. Dieser Schritt ist trügerisch einfach und doch schwierig. Achten Sie auf andere Menschen und fragen Sie sich, welche Emotion sie hervorrufen wollen. Dann geben Sie sie ihnen. Lassen Sie sich nicht zu lange Zeit mit der Antwort, aber zu schnell zu sein ist auch nicht ratsam. Das alles dient dazu, anderen das Gefühl zu geben, dass Sie präsent und engagiert sind.

- Wenn Ihnen nichts mehr einfällt, verwenden Sie eine Technik, die freie Assoziation genannt wird, um eine Reaktion zu erzeugen. Das sind Wörter, die Ihnen sofort in den Sinn kommen, wenn Sie etwas hören. Wenn zum Beispiel jemand über Katzen spricht, üben Sie die freie Assoziation mit den bereitgestellten Übungen, und Sie werden in der Lage sein, schneller und einfacher Antworten zu finden. Eine Konversation als Ganzes ist nur eine Reihe von zusammenhängenden Aussagen und Geschichten, daher ist die freie Assoziation ein Üben des Konversationsflusses.

- Unabhängig davon, mit wem Sie sprechen, werden Ihnen wahrscheinlich die gleichen allgemeinen Fragen gestellt. Dazu gehören „Was machen Sie?", „Wie war Ihr Tag?" und ähnliche Fragen. Auf solche Fragen sollten Sie zwei separate Antworten vorbereiten, von denen eine interessant und einzigartig ist (die Laienerklärung), während die andere informativer ist (die Expertenerklärung). Bei der ersten Begegnung mit jemandem zu vertraulich zu sein, ist nicht immer hilfreich und kann andere verwirren und sprachlos machen.

- Lernen Sie schließlich, gute Komplimente zu machen. Auch das ist täuschend leicht. Machen Sie Komplimente über Dinge, über die Menschen die Kontrolle haben oder für die sie eine Entscheidung getroffen haben. Wählen Sie keine genetischen Eigenschaften wie Größe oder Augenfarbe; wählen Sie stattdessen Dinge, um die sich die Person aktiv bemüht hat. Die Leute fühlen sich wohl und geschmeichelt und beginnen, sich zu öffnen.

KAPITEL 2. KONVERSATION IST SPIEL

- Jede Unterhaltung ist eine Gelegenheit zur spielerischen Interaktion. Es braucht nur eine Änderung der Denkweise, um das zu erkennen, und die Welt wird sich öffnen.

- Das Durchbrechen der vierten Wand ist ein einfacher, aber effektiver Schritt, um ein Gespräch interessanter zu gestalten. Diese Technik, die oft in Filmen verwendet wird, besteht im Wesentlichen darin, das Gespräch, das Sie führen, auf irgendeine positive Weise zu kommentieren. In der Regel handelt es sich dabei um etwas, das beide Parteien denken, das aber unkommentiert geblieben ist. Wenn Sie ein besonders lustiges Gespräch mit jemandem führen, könnten Sie scherzhaft bemerken: „Die Dinge sind wirklich eskaliert, nicht wahr?" Dies ist eine großartige Möglichkeit, eine Verbindung herzustellen, da es zeigt, dass Sie sich Ihrer Gespräche auf einer tieferen Ebene bewusst sind.

- Als nächstes haben wir die „Wir gegen die Welt"-Technik. Bei dieser Technik bilden Sie mit Ihrem Gesprächspartner eine Gruppe, die auf einer gemeinsamen Erfahrung oder Emotion basiert, die Sie beide teilen. Wenn Sie z. B. beide in einem Club sind, in dem die Musik zu laut ist, können Sie etwas sagen wie „Diese Leute scheinen sich gut zu verstehen, aber ich bin sicher, dass wir beide bald unser Gehör verlieren werden!" Dies bildet eine gemeinsame Erfahrung und einen Insider-Witz, der auch in zukünftigen Interaktionen verwendet werden kann.

- Wenn ein Gespräch abzuebben scheint oder sich dahinschleppt, sollten Sie ein paar Ausweichgeschichten haben, um Ihre Interaktion wieder zu beleben. Dabei handelt es sich um extrem kurze Begebenheiten, die Sie erzählen können, um die Meinung der anderen Person zu erfahren oder zu fragen, wie sie in der gleichen Situation reagieren würde. Die Betonung liegt hier auf dem Gespräch und der

Meinung. Sie können zum Beispiel erzählen, wie ein Mädchen mit Stereotypen gebrochen und ihrem Freund einen Heiratsantrag gemacht hat, und anschließend fragen, was sie in einer ähnlichen Situation tun würde. Dies kann ein überraschendes Gespräch auslösen.

- Wir haben auch das Sofort-Rollenspiel als eine Technik, auf die Sie zurückgreifen können. Dies ist vielleicht einer der einfachsten Tricks, die bisher erwähnt wurden. Der Trick besteht in der Regel darin, dass Sie beide eine gegensätzliche Rolle übernehmen und diese zur komödiantischen Auflockerung durchspielen. Hier gibt es vier Schritte zu beachten. Zuerst loben Sie die andere Person für eine Eigenschaft, die sie hat, z. B. dass sie ein guter Navigator ist. Dann weisen Sie ihm eine Rolle zu, die auf dieser Eigenschaft basiert, z. B. wie Magellan zu sein. Das ist die Rolle, die sie spielen wird, die eines berühmten Seefahrers. Stellen Sie anschließend interessante Fragen zur Navigation („Welchen Kontinent haben Sie am liebsten entdeckt?") und bringen sich selbst in das Rollenspiel mit ein.

KAPITEL 3. EIN HAUCH VON GEISTREICHEM GEPLÄNKEL

- In diesem Kapitel lernen Sie, wie Sie eine witzige Konter-Maschine werden. Wenn Sie zu der Sorte Mensch gehören, die zwanzig Minuten nach dem Ende eines Gesprächs über geistreiche Antworten nachdenkt, werden Ihnen die hier vorgestellten Techniken helfen, viel schneller darauf zu kommen. Es geht darum, nicht wörtlich, nicht konventionell und nicht linear zu denken und zu erkennen, dass ein Gespräch eher eine Gelegenheit zum Spielen als zur Informationsweitergabe ist.
- Wenn Sie von jemandem gehänselt werden, gibt es zwei Methoden, die Ihnen helfen, einen witzigen Konter zu finden. Entweder Sie nehmen die Sache, über die Sie gehänselt werden, und übertreiben sie bis zur Absurdität, oder Sie weisen auf einen lustigen, aber positiven Nebeneffekt

der Sache hin, über die Sie gehänselt werden.

- Bei Kontern ist es wichtig, den richtigen Ton zu treffen und so zu tun, als könnten Sie einen Witz vertragen. Niemand mag einen schlechten Scherz, und Sie sollten durch Ihr Verhalten und Ihre Mimik zeigen, dass Sie scherzen. Lächeln Sie schief, nachdem Sie Ihre Antwort gesagt haben, und verwenden Sie einen Ton, der eher Gleichgültigkeit als Verärgerung vermittelt.

- Unsere nächsten paar Tricks beruhen auf der Kunst des Missverständnisses. Die Scherzkette ist der erste von ihnen. Scherzketten sind eine Reihe von Wortwechseln, die darauf beruhen, dass Sie eine gewöhnliche Bemerkung falsch interpretiert haben, während die andere Person mitspielt. Sie legen eine absichtliche Fehlinterpretation vor, und wenn sie darauf anspringt, sind Sie jetzt in eine so genannte Scherzkette eingetreten und können sie weiter steigern.

- Eine weitere Technik, die auf Missverständnissen beruht, ist die übertriebene Schlussfolgerung. Hier nehmen Sie im Grunde eine Aussage und übertreiben sie exponentiell, um aus dem Gewöhnlichen herauszutreten und in etwas hineinzukommen, das einem Spiel ähneln kann. Der letzte Trick der Missinterpretation ist die spielerische Neckerei, bei der Sie Ihren Gesprächspartner ein wenig aufziehen, so dass Sie beide lachen müssen.

KAPITEL 4. LUSTIG AUF KOMMANDO

- Einer der Hauptgründe, der uns daran hindert, humorvoll und lustig zu sein, ist, dass wir alles zu wörtlich nehmen und dabei eine langweilige Sprache verwenden. Das ist ein Unterschied in der Denkweise, ähnlich wie die Gegensätzlichkeit von Spiel und Konversation/Diskussion, die wir zuvor hatten. Wir verpassen keine einfachen Gelegenheiten, wenn wir erkennen können, dass manche Vokabeln besser sind als andere und dass wir täglich verschiedene Möglichkeiten haben, sie zu verwenden. Der erste Schritt, um lustiger zu sein, besteht also darin, eine Sprache zu verwenden, die sowohl spezifisch ist als auch lebendige Bilder in den Köpfen der Menschen malt.

- Eine Comedy-Technik, die sich auf mentale Bilder stützt, ist die komische Dreiergruppe. Hier beschreiben Sie etwas grundsätzlich mit drei Adjektiven, zwei positiven und einem stark negativen, in dieser Reihenfolge. Wir erwarten im Allgemeinen ein drittes verwandtes Adjektiv nach zwei aufeinanderfolgenden, aber ein nicht verwandter Deskriptor wirft unser Publikum völlig aus der Bahn. Das komische Triple funktioniert wegen der Irreführung und Überraschung.

- Bei der letzten Technik geht es darum, die Irreführung zu sezieren und wie sie zu großen Lachern führen kann. Beginnen wir mit Sarkasmus und Ironie. Sarkasmus ist, wenn man etwas sagt, das man nicht so meint, um sich über etwas lustig oder es lächerlich zu machen. Ironie hingegen bezieht sich auf

Situationen, in denen das das Gegenteil von dem passiert, was man erwarten würde. Dies ist eher beobachtender Humor, da Sie eher auf einen Kontrast hinweisen, als einen zu schaffen. Ironie ist überraschend vielseitig, da sie an vielen Stellen eingesetzt werden kann. Sie können nach ironischen Kontrasten zwischen Worten und Körpersprache und Tonfall Ausschau halten, ironische Übertreibungen und sogar ein ironisches Gleichnis für sich selbst verwenden (leicht wie ein Backstein).

KAPITEL 5. FESSELNDE GESCHICHTEN

- Menschen zu fesseln heißt in der Regel, eine Geschichte zu erzählen, die sie wie Kinder zuhören lässt (auf eine gute Art). Geschichtenerzählen ist ein großes Thema, das oft übermäßig komplex gemacht wird, aber es gibt viele Möglichkeiten, dieses Gefühl in kleinen, alltäglichen Dingen zu erzeugen. Andere zu fesseln ist kein leichtes Unterfangen, aber das Material und die Fähigkeit liegt in jedem von uns. Wir müssen nur wissen, wie wir es finden und abrufen können.

- Eine einfache Möglichkeit, sich das alltägliche Geschichtenerzählen vorzustellen, ist, dass Ihr Leben eine Reihe von Geschichten ist - Mini-Geschichten, um genau zu sein. Anstatt Ein-Wort-Antworten zu geben, sollten Sie sich angewöhnen, Ihre Antworten als eine Geschichte mit einem Punkt zu formulieren. Das schafft mehr Engagement, lässt Sie Ihre Persönlichkeit zeigen und ermöglicht eine reibungslosere Konversation. Ein Vorteil hierbei ist, dass Sie diese vor einem Gespräch vorbereiten können.

- Die 1:1:1-Methode des Geschichtenerzählens besteht darin, sie so weit wie möglich zu vereinfachen. Die Wirkung einer Geschichte wird nicht unbedingt stärker sein, wenn sie zehn Sätze im Vergleich zu zwei Sätzen lang ist. Daher konzentriert sich die 1:1:1-Methode auf die Diskussion und Reaktion, die nach einer Geschichte stattfindet. Eine Geschichte kann nur aus (1) einer Handlung, (2) einer Emotion, die hervorgerufen werden soll, und (3) einer Ein-Satz-Zusammenfassung bestehen. Verlieren Sie sich nicht im Geschwafel, und sorgen Sie auch dafür, dass Ihr Zuhörer das Gefühl hat, dass er sich voll an der Unterhaltung beteiligt.

- Das Rückgrat der Geschichte ist mehr oder weniger die Formel für jeden Film, der existiert. Es ist ein einfaches Gerüst, das Sie in Ihren alltäglichen Geschichten und Gesprächen verwenden können, weil es Ihnen zeigt, welche emotionalen Takte in einer Geschichte existieren. Es gibt den Status quo, das Ereignis, das die Dinge in Gang setzt, die Konsequenzen für die Veränderung des Status quo, den Höhepunkt oder die Auflösung und dann das, was anschließend passiert.

- Geschichten können auch die Grundlage für einen Insider-Witz sein. Wenn Sie darüber nachdenken, ist ein Insider-Witz etwas, das mehrmals mit derselben Person auftaucht und eine positive Emotion hervorruft. Es ist das gleiche Thema, das in einem anderen Kontext zur Sprache kommt. Sie brauchen also nur eine Geschichte anzusprechen und die Chancen stehen gut, dass sie als „Weißt du noch, als wir über..." hängen bleibt. Je öfter Sie dies verwenden, desto mehr wird eine einzigartige Bindung nur zwischen Ihnen beiden geschaffen.

- Es ist wichtig, Ihre Fähigkeit zum Geschichtenerzählen zu verbessern, aber was ist mit dem Entlocken von Geschichten aus anderen? Sie können Ihre Fragen sorgfältig formulieren, um von den Leuten eher Geschichten als Antworten zu verlangen, was eine einfache Möglichkeit ist, die Konversation einfacher und angenehmer für alle Beteiligten zu machen. Es gibt Wege, die Menschen dazu zu bringen, sich Ihnen zu öffnen und weiter zu plaudern. Erinnern Sie sich an die Lektion, die wir mit der 1:1:1-Methode gelernt haben, indem Sie die Emotionen, die Menschen hervorrufen wollen, genau bestimmen. Um dies zu verstärken, können Sie *den Schwanz an den Esel hängen* und strategisch an die Geschichten der Leute anknüpfen.

www.ingramcontent.com/pod-product-compliance
Lightning Source LLC
Chambersburg PA
CBHW020248030426
42336CB00010B/671